高校经典教材同步辅导丛书

统计学（第四版）
同步辅导及习题全解

主　编　马晓燕

中国水利水电出版社
www.waterpub.com.cn
·北京·

内容提要

本书共 9 章：数据与统计学，统计数据的描述，概率、概率分布与抽样分布，参数估计，假设检验，方差分析，相关与回归分析，时间序列分析与预测，统计指数，各章均包括学习目标、基本知识点、重难点解析、典型例题解析、思考题全解、练习题全解、案例分析全解七部分内容，思路清晰，逻辑性强，循序渐进地帮助读者分析并解决问题，内容详尽、简明易懂。

本书可作为高等院校"统计学"课程的辅导教材，也可作为考研人员复习备考和教师备课命题的参考教材。

图书在版编目（CIP）数据

统计学（第四版）同步辅导及习题全解 / 马晓燕主编. -- 北京：中国水利水电出版社，2017.11（2020.4 重印）
（高校经典教材同步辅导丛书）
ISBN 978-7-5170-5867-0

Ⅰ. ①统… Ⅱ. ①马… Ⅲ. ①统计学－高等学校－题解 Ⅳ. ①C8-44

中国版本图书馆CIP数据核字(2017)第231710号

策划编辑：杨庆川　责任编辑：封　裕　加工编辑：张溯源　封面设计：李　佳

书　名	高校经典教材同步辅导丛书 统计学（第四版）同步辅导及习题全解 TONGJIXUE（DI-SI BAN）TONGBU FUDAO JI XITI QUANJIE
作　者	主　编　马晓燕
出版发行	中国水利水电出版社 （北京市海淀区玉渊潭南路 1 号 D 座　100038） 网址：www.waterpub.com.cn E-mail：mchannel@263.net（万水） 　　　　sales@waterpub.com.cn 电话：（010）68367658（营销中心）、82562819（万水）
经　售	全国各地新华书店和相关出版物销售网点
排　版	北京万水电子信息有限公司
印　刷	三河市祥宏印务有限公司
规　格	170mm×227mm　16 开本　10 印张　206 千字
版　次	2017 年 11 月第 1 版　2020 年 4 月第 3 次印刷
定　价	18.80 元

凡购买我社图书，如有缺页、倒页、脱页的，本社营销中心负责调换
版权所有·侵权必究

前 言

为了帮助读者更好地学习"统计学"课程、掌握更多的知识,我们根据多年的教学经验编写了这本辅导教材,旨在帮助读者理解基本概念、掌握基本知识、学会基本解题方法与解题技巧,进而提高应试能力。

本书作为辅助性教材,具有较强的针对性、启发性、指导性和补充性。考虑到"统计学"这门课程的特点,我们在内容上作了以下安排:

1. 学习目标。根据教学大纲要求,总结学习的重点以及需要掌握的知识点。

2. 基本知识点。对每章知识点做了简练概括,梳理了各知识点之间的脉络联系,突出各章节主要定理及重要公式,使读者在各章节学习过程中目标明确、有的放矢。

3. 重难点解析。对每章的知识要点进行整理。综合众多参考资料,基本归纳了本章所有的考点,便于读者学习和复习。

4. 典型例题解析。选取教材中一些启发性或综合性较强的经典例题,先进行分析,再给出详细解答,意在抛砖引玉。

5. 思考题全解。解答了教材中各章节的思考题,为学生指明解题方向,加深其对基本概念和公式的理解。

6. 练习题全解。教材中课后习题丰富、层次多样,许多基础性问题从多个角度帮助学生理解基本概念和基本理论,促其掌握基本解题方法。我们对教材的课后习题给了详细解答。

7. 案例分析全解。结合本章要点,选取经典案例进行分析,培养学生理论联系实际的能力。

由于时间仓促及编者水平有限,书中难免有疏漏之处,敬请各位同行和读者批评指正。

编者
2017 年 9 月

目 录
contents

- 前言
- **第一章　数据与统计学** 1
  - 学习目标 1
  - 基本知识点 1
  - 重难点解析 2
  - 思考题全解 3
  - 案例分析全解 4
- **第二章　统计数据的描述** 7
  - 学习目标 7
  - 基本知识点 7
  - 重难点解析 8
  - 思考题全解 11
  - 练习题全解 14
  - 案例分析全解 25
- **第三章　概率、概率分布与抽样分布** 27
  - 学习目标 27
  - 基本知识点 27
  - 重难点解析 29
  - 典型例题解析 34
  - 思考题全解 35
  - 练习题全解 39
  - 案例分析全解 48

目 录 contents

第四章　参数估计 ……………………………………………………… 50

- 学习目标 ……………………………………………………………… 50
- 基本知识点 …………………………………………………………… 50
- 重难点解析 …………………………………………………………… 51
- 典型例题解析 ………………………………………………………… 54
- 思考题全解 …………………………………………………………… 55
- 练习题全解 …………………………………………………………… 57
- 案例分析全解 ………………………………………………………… 64

第五章　假设检验 ……………………………………………………… 65

- 学习目标 ……………………………………………………………… 65
- 基本知识点 …………………………………………………………… 65
- 重难点解析 …………………………………………………………… 66
- 典型例题解析 ………………………………………………………… 72
- 思考题全解 …………………………………………………………… 73
- 练习题全解 …………………………………………………………… 75
- 案例分析全解 ………………………………………………………… 79

第六章　方差分析 ……………………………………………………… 82

- 学习目标 ……………………………………………………………… 82
- 基本知识点 …………………………………………………………… 82
- 重难点解析 …………………………………………………………… 83
- 典型例题解析 ………………………………………………………… 88
- 思考题全解 …………………………………………………………… 90
- 练习题全解 …………………………………………………………… 91
- 案例分析全解 ………………………………………………………… 94

目 录
contents

■ 第七章　相关与回归分析 ·· 95
　　学习目标 ··· 95
　　基本知识点 ··· 95
　　重难点解析 ··· 97
　　典型例题解析 ·· 102
　　思考题全解 ··· 103
　　练习题全解 ··· 106

■ 第八章　时间序列分析与预测 ·· 112
　　学习目标 ··· 112
　　基本知识点 ··· 112
　　重难点解析 ··· 114
　　典型例题解析 ·· 119
　　思考题全解 ··· 121
　　练习题全解 ··· 125

■ 第九章　统计指数 ··· 140
　　学习目标 ··· 140
　　基本知识点 ··· 140
　　重难点解析 ··· 141
　　典型例题解析 ·· 144
　　思考题全解 ··· 146
　　练习题全解 ··· 148
　　案例分析全解 ·· 152

第一章

数据与统计学

学习目标

★ 了解统计数据与统计学的概念及关系；
★ 了解统计学的产生和发展、统计学的分科；
★ 了解统计数据的种类与来源、统计数据的质量；
★ 学习并掌握统计学的基本概念，包括总体、变量、样本。

基本知识点

表 1.1　基本知识点

章节	主要内容	学习要点
1.1 统计数据与统计学	统计数据	■ 统计数据的概念 ■ 统计数据的特点
	统计学	■ 统计学的定义 ■ 统计学的特点及与统计数据的关系
1.2 统计学的产生与发展	统计学的产生	■ 17 世纪中叶，威廉·配第、约翰·格朗特、布莱士·帕斯卡、皮埃尔·德·费马，统计学的萌芽 ■ 19 世纪形成古典统计学

章节	主要内容	学习要点
	统计学的发展	■ 20世纪初,高赛特提出推断统计学 ■ 20世纪50年代,统计理论、方法和应用得到了全面发展
1.3 统计学的分科	描述统计和推断统计	■ 描述统计和推断统计的含义、特点、应用、联系
	理论统计和应用统计	■ 理论统计和应用统计的含义、特点、应用
1.4 数据的种类与来源	数据的种类	■ 按性质分为:定位的、定性的、定量的、定时的 ■ 按表现形式分为:结构型数据、非结构型数据
	数据的来源	■ 直接获取的数据:普查、抽样调查、科学实验、网络获取 ■ 间接获取的数据
1.5 统计数据的质量	数据的质量	■ 数据的准确、完整、有效性
1.6 统计学的基本概念	总体	■ 总体的定义、分类
	变量	■ 变量的定义、特点
	样本	■ 样本的定义、应用

重难点解析

1. 统计学与统计数据

统计学是一门收集、整理、显示和分析数据的科学,其目的是探索数据内在的数量规律性。正是因为统计学总是在和数据打交道,因而也可称统计学为"数据的科学"。

统计学的英文是 statistics,在英文字典里它有两个含义:当以单数名词出现时,表示一门科学的名称"统计学";当以复数名词出现时,表示"统计数据"。statistics 一词的英文解释可以说明两点:第一,统计数据不是指个别的单个数字,而是指同类的较多数据;第二,统计学与统计数据有密切的联系。统计学是由收集、整理、显示和分析统计数据的方法组成的,离开了统计数据,统计学就失去了存在的意义。

2. 统计数据的来源

统计数据来源于直接组织的调查、观察和科学试验,我们称之为直接的数据或第一手数据。包括普查、抽样调查、科学试验、网络获取。

统计数据也可以来源于现有的已知数据,我们称之为第二手数据或间接的数据。这种数据可以从报纸、图书、杂志、统计年鉴、网络等渠道获取,也可以从调查公司或数据库公司等处购买。

3. 统计学的基本概念

(1) 总体:是我们研究的所有基本单位(通常是人、物体、交易或事件)的总和。

(2) 变量:是总体中个体单位所具有的特征或特性。"变量"的名称是针对总体中每一个基本单位的属性都存在着差异而言的。

(3) 样本:是按某种规则从总体中抽取的一部分个体单位所组成的小的总体。

思考题全解

1. 答:统计学是一门收集、整理、显示和分析数据的科学,其目的是探索数据内在的数量规律性。正是因为统计学总是在和数据打交道,因而也可称统计学为"数据的科学"。

统计数据和统计学具有密切的关系,统计学是由收集、整理、显示和分析统计数据的方法组成的,这些方法来源于对统计数据的研究,目的也在于对统计数据的研究。如果离开了统计数据,统计方法乃至于统计学就失去了其存在的意义。没有统计数据或没有较好的统计数据,即使很科学的统计方法或很高明的统计学家也难有所作为。

2. 答:我们都做过掷硬币的游戏,都知道随机地掷一次硬币不能事先确定出现正面还是反面,也就是说个别游戏或试验中充满了各种不确定性或偶然性。但当我们进行大量实验,就会发现掷一枚均匀硬币出现正面和反面的概率会大体相同。即 0.5:0.5。实验的次数越多,出现正面和反面的可能性就越接近 0.5 这一稳定的数值,这就是我们说的数量规律性。

3. 答:统计数据是统计学的研究对象,没有统计数据,统计学就成了"无源之水,无本之木",及时获取准确、完备的统计数据是统计研究的第一步。可以通过统计调查、观察和科学试验获取原始的第一手统计数据,也可以利用各种现成的数据,比如从公开的媒体、网络和数据库等渠道获取间接的统计数据。

4. 答:比如普查、抽样调查、科学试验、网络获取。

5. 答:抽样误差是利用样本推断总体时产生的误差。在坚持随机原则的条件下,一般来说,样本的容量越大,抽样误差就越小。确切地说,抽样误差与样本的平方根呈反比。

非抽样误差是由于调查过程中各有关环节工作失误造成的。它包括调查方案中有关规定或解释不明确所导致的填报错误、抄录错误、汇报错误,不完整的抽样框导致的误差,调查中不回答产生的误差等。在非抽样误差中还有一种人为干扰造成的误差,即有意瞒报或低报数据。

6.答:(1) 所有装满油漆的油漆罐的重量;

(2) 装满油漆的油漆罐的平均重量;

(3) 50 罐油漆的重量;

(4) 根据 50 罐样本油漆罐的平均重量推断本集装箱油漆罐的油漆平均重量。

7.答:(1) 市场上销售的可口可乐与百事可乐;

(2) 可口可乐和百事可乐的口感;

(3) 1000 名消费者匿名品尝的结果;

(4) 根据 1000 名消费者匿名品尝的结果,推断消费者对可口可乐和百事可乐的口感认可度。

案例分析全解

1.答:根据图 1.2 中的图(a)和图(b),20 世纪 50 年代到 90 年代,日本和美国的三大质量改进技术对整个质量改进的贡献率存在差异。

从试验设计、质量控制和质量检验三大质量改进技术对整个质量改进的贡献率总和上看,1950 年,美国已达到近 25%,而日本此时仅有不到 10%。1950—1960 年的 11 年间,日本的质量控制技术快速发展,美国发展相对缓慢。但是,在 1960 年之前,美国的质量控制和质量检验技术对整个质量改进的贡献率总和仍然超过日本。1960 年后,日本把试验设计引入质量控制,到 1970 年时,两国的质量改进技术总和贡献率已不相上下。1970 年后,美国在试验设计领域的竞争中已大大地落后于日本。所以,1970 年后,日本的质量改进技术总和贡献率快速发展,到 1990 年时,三大质量改进技术的总和贡献率已超过 90%,而美国发展缓慢,三大质量改进技术的总和贡献率还不到 70%,日本已远超美国。

在质量检验的发展历史上,1960 年之前,美国的质量检验贡献率超过日本。美国质量检验对产品质量改进的贡献率达到近 25%,而日本质量检验的贡献率尚不到 10%。由于质量检验是一种事后控制,这种质量改进技术不仅不会降低企业的运营成本和生产成本,而且会消耗社会资源,20世纪60年代以后,日本质量检验对改进产品质量的贡献率已开始下降,到20世纪90年代时,日本对产品质量的控制已经从事后转向事前,质量检验的贡献率几乎降为0。而美国对产品质量的控制仍然沿用传统的质量检验法,质量检验对改进产品质量的贡献率从20世纪80年代才开始下降,到20世纪90年代时,产品质量检验对改进产品质量的贡献率仍然占到30%左右。

在质量控制上,日本迅速增长,在20世纪80年代又迅速呈现出下降的态势,而美国一直维持缓慢的增长。1950—1980年,日本的质量控制技术对改进产品质量的贡献率迅速增长,20世纪80年代时,质量控制对改进产品质量的贡献率已达30%;而美国的质量控制技术对改进产品质量的贡献率仅有缓慢的增长,20世纪80年代时,质量控制的贡献率还不到10%。因此,在20世纪80年代之前,日本的质量控制对改进产品质量的贡献率远高于美国。由于20世纪70年代开始,日本的试验设计对改进产品质量的贡献率大幅增长,20世纪80年代后,日本的质量控制技术在改进产品质量方面的贡献率已经开始下降,而美国还在持续增长。这两个国家走出了完全相反的路径。

第二次世界大战后,日本的质量管理专家提出了"好的产品质量不是生产出来的,而是设计出来的"理念,从1960年开始,日本已经注重产品的试验设计,从此试验设计对改进产品质量的贡献率开始起步,且发展迅猛。1970年时,日本的试验设计对产品质量改进的贡献率仅有5%左右,20世纪70年代后,产品的试验设计对改进产品质量的贡献飞速发展,1980年时已近30%。而美国从20世纪80年代才开始用试验设计的方法来改进产品的质量,起步较晚,发展速度比较缓慢,大大落后于日本。

总的来说,在20世纪50-90年代,在对产品的质量改进方面,日本从事后检验、事中控制到事前设计,逐步运用先进理论和理念来完善质量的改进,相比而言,美国一直沿用传统的质量检验和质量控制方法,在利用试验设计对产品质量的改进方面起步较晚,导致三大质量改进技术对整个产品质量改进的贡献率低于日本,技术上也远远落后于日本。

2. 答:控制图(Control Chart)又叫管制图,是对生产过程的关键质量特性值进行测定、记录、评估并监测过程是否处于控制状态的一种用统计方法设计的图形。

世界上第一张控制图诞生于1924年5月16日,是由美国贝尔电话实验室(AT&T Bell Laboratories)质量课题研究小组过程控制组学术领导人沃特·休哈特(Walter Shewhart)博士提出的不合格品率p控制图。控制图从诞生后就一直是科学管理的一个重要工具。它是一种有控制界限的图,用来区分引起的原因是偶然的还是系统的,并可以提供系统原因存在的资讯。控制图按其用途可分为两类:一类是供分析用的控制图,用来控制生产过程中有关质量特性值的变化情况,看工序是否处于稳定受控状态;另一类控制图主要用于发现生产过程是否出现了异常情况,以预防产生不合格品。控制图上有三条平行于横轴的直线:中心线(CL,Central Line)、上控制线(UCL,Upper Control Line)和下控制线(LCL,Lower Control Line),并有按时间顺序抽取的样本统计量数值的描点序列。UCL、CL、LCL 统称为控制线(Control Line),通常控制界限设定在 ±3 个标准差的位置。中心线是所控制的统计量的平均值,上、下控制界限与中心线相距数倍标准差。若控制图中的描点落在 UCL 与 LCL 之外或在 UCL 和 LCL 之间的排列不随机,则表明过程异常。

一个事件如果发生的概率很小,那么它在一次试验中是几乎不可能发生的,但在多次重复试验中是必然发生的,数学上称之为小概率原理。统计学中,一般认为小于等于 0.05 或 0.01 的概率为小概率。如果在一次试验或观察中出现了小概率事件,则表明试验过程出现异常。因此,小概率原理可用于生产过程管理或产品的质量控制。

第二章

统计数据的描述

学习目标

★ 掌握统计数据的分组技术；
★ 会用统计图形显示数据的分布特征：直方图、洛伦茨曲线与基尼系数；
★ 理解并掌握反映数据集中趋势的指标：众数、中位数、分位数、均值、几何平均数、切尾平均数；
★ 理解并掌握反映数据分布离散程度的指标：极差、内距、方差和标准差、离散系数；
★ 学会判断数据的分布形态：偏态系数、峰态系数；
★ 能绘制常用的统计表和统计图；
★ 了解辛普森悖论。

基本知识点

表 2.1 基本知识点

章节	主要内容	学习要点
2.1 统计数据的整理	统计数据的分组	■ 统计数据分组的作用、类别
	次数分配	■ 次数分配的定义及分组过程 ■ 相关概念：组数、组距、组限、向上累积、向下累积

章节	主要内容	学习要点
	次数分配直方图	■ 直方图、折线图、正态图 ■ J形曲线、U形曲线
	洛伦茨曲线 与基尼系数	■ 洛伦茨曲线的意义、制作 ■ 基尼系数的含义、计算和应用
2.2 分布集中 趋势的测度	众数	■ 众数的含义、计算、特点、意义
	中位数	■ 中位数的含义、计算、特点、意义
	分位数	■ 四分位数的计算和意义 ■ 十分位数的计算和意义
	均值	■ 算术平均数的含义、简单算术平均值、加权 算术平均值
	几何平均数	■ 几何平均数的计算
	切尾均值	■ 切尾均值的含义、计算
	众数、中位数和 均值的关系	■ 数据分布对称时、右偏时、左偏时,众数、中 位数和均值的关系
2.3 分布离散 程度的测度	极差	■ 极差的含义、计算
	内距	■ 内距的含义、计算、意义
	方差和标准差	■ 方差和标准差的含义、计算、应用
	离散系数	■ 离散系数的概念、计算、应用
2.4 分布偏态 与峰度的测度	偏态及其测度	■ 偏态的概念、计算、应用
	峰度及其测度	■ 峰度的概念、计算、应用
2.5 统计表、统计图 与辛普森悖论	统计表	■ 统计表的概念、构成要素、种类、设计原则
	统计图	■ 统计图、茎叶图、箱线图、统计图的应用
	辛普森悖论	■ 辛普森悖论的案例

重难点解析

1. 统计数据的整理

（1）统计数据的分组

统计数据分组是数据整理的第一步。分组是把性质相同的分在一组内,性质不同的区分开。分组遵循"组内同质性、组间差异性""不重复、不遗漏"的原则。

(2) 次数分配、次数分布或频数分布表

把原始数据分组后,再把分得的组按照一定规则排列出来,可以看出分组的结果及分配在每一组中的数据个数,我们把这张表格称为频数分布表或次数分配、次数分布。频数分布也称为统计分布。

(3) 次数分配直方图

在分组数据中,以变量为横轴,每组的组距为横边,每组的次数为纵边,画出各组的长方形,即为直方图。

在直方图中,把每个小方形上边的中点连接起来,再连接左、右两条竖边上的中点,延长至与横轴相交,就得到折线图。

当组距变小、组数变多,折线图就会变成一条光滑的曲线,称之为统计分布曲线。常见的统计分布曲线主要有:正态分布、U 形分布、J 形分布。

(4) 洛伦茨曲线

洛伦茨曲线是累积次数分布,是 20 世纪初美国经济学家、统计学家洛伦茨根据意大利经济学家帕累托提出的"二八原理"和收入分配公式绘制成的描述收入和财富分配公平程度的统计分布曲线,见图 2.1。横轴表示累积的人口百分比,纵轴表示累积的收入或财富百分比。

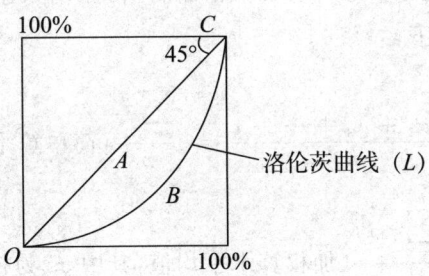

图 2.1　洛伦茨曲线

(5) 基尼系数

20 世纪初,意大利经济学家基尼根据洛伦茨曲线给出了衡量一个国家或地区的收入分配平均程度的指标,即基尼系数。基尼系数 $= A/(A+B)$。

2. 分布集中趋势的测度

(1) 众数

众数是将数据按大小顺序排队形成次数分配后,在统计分布中具有明显集中趋势点的数值。计算如下:

$$M_0 \approx L + \frac{\Delta_1}{\Delta_1 + \Delta_2} \times i \approx U - \frac{\Delta_2}{\Delta_1 + \Delta_2} \times i$$

M_0：众数；L：众数所在组的下限；U：众数所在组的上限；i：众数所在组的组距；Δ_1：众数所在组的次数与相邻的前一组众数之差；Δ_2：众数所在组的次数与相邻的后一组次数之差。

（2）中位数

中位数是把一组数据排序后中间点上的那个数据。计算如下：

$$M_e \text{ 的位置} = \frac{n+1}{2}, M_e \approx L + \frac{\frac{n}{2} - S_{m-1}}{f_m} x_i \approx U - \frac{\frac{n}{2} - S_{m+1}}{f_m} x_i$$

M_e：中位数；n：数据个数；L：中位数所在组的下限；f_m：中位数所在组的次数；i：中位数所在组的组距；S_{m-1}：中位数组以前各组的累积次数；U：中位数所在组的上限；S_{m+1}：中位数组以后各组的累积次数。

（3）分位数

包括四分位数、十分位数和百分位数。显然,四分位数就是将数据分布 4 等分的三个数值。

（4）均值

均值也称为算术平均数。把一组数据相加后,再除以数据的个数,所得到的结果称为算术平均数。计算如下：

$$\bar{x} = \frac{x_1 + x_2 + x_3 + \cdots + x_n}{n} = \frac{\sum_{i=1}^{n} x_i}{n} \text{（简单算术平均值）}$$

$$\bar{x} = \frac{\sum_{i=1}^{k} x_i f_i}{\sum_{i=1}^{k} f_i} \text{（加权算术平均值,其中 } f_i \text{ 为权数）}$$

（5）几何平均数

几何平均数在计算方法上可以看做是算术平均数公式的变形,用于计算社会经济问题中的平均速度或平均比率,是 n 个比率连乘积的 n 次方根。计算如下：

$$G = \sqrt[n]{a_1 \times a_2 \times a_3 \times \cdots \times a_n} = \sqrt[n]{\prod_{i=1}^{n} a_i}$$

（6）切尾均值

把一组数据中大小两端的若干个数据去除后,计算剩余中间数据的均值。

(7) 众数、中位数和均值的关系

1) 当数据分布对称时，$\bar{x} = M_0 = M_e$；

2) 当数据分布右偏时，$\bar{x} \geqslant M_e \geqslant M_0$；

3) 当数据分布左偏时，$\bar{x} \leqslant M_e \leqslant M_0$。

3. 分布离散程度的测度

（1）极差

一组数据中的极大值和极小值之差，是离散程度或差异程度最简单的测度。

（2）内距

两个四分位数之差，即上四分位数减去下四分位数。

（3）方差和标准差

方差是离差平方的平均数，说明一组数据的离散程度，方差越大，数据的离散程度越大。标准差是方差的正平方根，意义和方差相同。

（4）离散系数

离散系数是数据的标准差除以该组数据的平均值，以百分数表示。离散系数越大，说明数据越离散，差异程度越大。

思考题全解

1. 答：次数分配表的编制过程如下：

（1）对数据资料排序，确定数据的最小值和最大值，计算极差。

（2）确定组数，在等距分组时，每组的组距 = 极差 ÷ 组数。

（3）确定组限，最小组（第 1 组）的下限取比最小值小的相邻正整数，上限 = 下限 + 组距。

（4）确定每组的次数（频数）。

（5）确定每组的频率。

2. 答：洛伦茨曲线是 20 世纪初美国经济学家、统计学家洛伦茨根据意大利经济学家帕累托提出的"二八原理"和收入分配绘制的描述收入和财富分配公平程度的统计分布曲线，如图 2.1 所示。横轴表示人口（按收入由低到高分组）的累积百分比，纵轴表示收入的累积百分比，弧线（L）为洛伦茨曲线。一般地，洛伦茨曲线反映了收入分配的不平等程度。弯曲程度越大，收入分配越不平等，反之亦然。

3. 答：基尼系数，是 20 世纪初意大利经济学家基尼根据洛伦茨曲线所定义的，用以判断收入分配公平程度的指标,取值范围在0～1,是国际上用来综合考察居民内部收入分配差异状况的一个重要分析指标。

4. 答:(1) 数据的分布集中趋势,指标有众数、中位数、均值;

(2) 数据的分布离散程度,指标有极差、中位数、分位数、方差和标准差、离散系数;

(3) 数据分布形态的测度,指标有偏态系数、峰度系数。

5. 答:统计学研究的是大量数据的分布规律,在一组数据中,单个数据之间是有差异的,统计学用均值来反映这组数据的集中趋势,代表总体的一般水平。对于不同的数据组,当数据的计量单位相同时,可以用均值衡量不同数据组的集中趋势,并进行整体一般水平的比较。此外,均值还具有良好的性质,均值可作为一组数据的中心或重心;各变量值与均值之差的和等于0;各变量值与均值之差的平方和最小。

6. 答:几何平均法是 n 个变量连乘积的 n 次方根。由于比率是两个数据相除的结果,不同的比率数据不具有可加性,因此,比率数据的平均不能采用算术平均,只能采用几何平均。

7. 答:众数、中位数和均值都是一组数据集中趋势的测度指标,都用来说明一组数据的集中趋势,可代表一组数据的一般水平。众数和中位数是数据的位置平均数,它们的计算没有用到全部的数据信息,不受数据中极端值大小的影响。均值是根据全部数据信息计算的,易受数据中极端值的影响,不具有客观公正性。

8. 答:标准差和方差反映的是数据的离散趋势。一组数据中,单个数据之间总是有差异,为了衡量数据之间的差异程度,即数据的离散趋势,可以把每个数据值与其中心值相比较,方差和标准差是反映数据值离散程度常用的统计指标。

9. 答:均值反映数据的集中趋势,标准差反映数据的离散趋势,均值和标准差作为描述统计学的重要指标,在各种数据分析中有重要应用,几乎任何社会经济现象的描述统计分析都要用到这两个特征值。如某班级两个小组各8名同学,某次统计学的考试成绩分别如下:

第一组:95　83　80　56　67　72　89　93
第二组:96　76　83　81　53　67　75　80

试问这两组同学的统计学考试成绩有何区别?哪组同学的考试成绩比较均衡?

对于第一个问题,我们可以用每组同学考试成绩的均值来反映该组同学考试成绩的一般水平。

第一组:平均成绩 $= \dfrac{\sum x}{n} = \dfrac{95+83+80+56+67+72+89+93}{8} = 79.375(分)$

第二组:平均成绩 $= \dfrac{\sum x}{n} = \dfrac{96+76+83+81+53+67+75+80}{8} = 76.375(分)$

显然,第一组同学的平均成绩高于第二组同学的平均成绩。

对于第二个问题,计算各组同学考试成绩的标准差。

第一组:

标准差 $= \sqrt{\dfrac{1}{7}\sum(x-\overline{x})^2}$

$= \sqrt{\dfrac{1}{7}\times[(95-79.375)^2+(83-79.375)^2+\cdots+(93-79.375)^2]}$

$= 13.57$

第二组:

标准差 $= \sqrt{\dfrac{1}{7}\sum(x-\overline{x})^2}$

$= \sqrt{\dfrac{1}{7}\times[(96-76.375)^2+(76-76.375)^2+\cdots+(80-76.375)^2]}$

$= 12.53$

就标准差来看,第一组同学考试成绩的标准差大于第二组同学考试成绩的标准差。

10. 答:离散系数也是用于测度一组数据离散程度的指标,与方差和标准差相比,离散系数是相对数,可以消除计量单位的影响,当数据的计量单位不同,或者两组数据的均值不相同时,要比较两组数据的离散趋势,不能用标准差或方差,只能用离散系数。

11. 答:茎叶图和箱线图都是用来显示数据分布特征的,茎叶图可以直观地反映数据的分布特征,又能看出原始数据。制作茎叶图是把原始数据分成"茎"和"叶"两部分,其中的高位数字作"茎",最后一位数字作"叶",利用计算机制作而成。茎叶图很像直方图。根据图形可直观地显示数据的分布情况。

箱线图是由一组数据的最大值、最小值、中位数和两个四分位数等5个特征值绘制而成的,以反映原始数据的分布特征。箱线图是由一个箱子和两条线段组成。绘制方法是:首先找出一组数据的5个特征值,即数据的最大值、最小值、中位数和两个四分位数;然后连接两个四分位数画出箱子;最后再将两个极端值点与箱子相连。可以根据原始数据的多少绘制箱线图,如果只有一组原始数据,可以绘制一简单箱线图;如果有多组数据,可以绘制一批比较箱线图,并进行分布特征的比较。

练习题全解

1. 解题过程 （1）服务等级评价频数分布表如下：

服务等级评价频数分布表

服务等级	家庭数目（个）	频率（％）
好（A）	14	14
较好（B）	21	21
一般（C）	32	32
较差（D）	18	18
差（E）	15	15
合　　计	100	100

（2）服务质量的等级条形图如下：

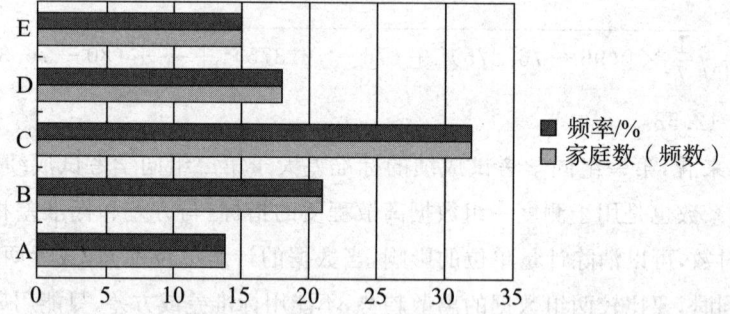

2. 解题过程 （1）数据最大的为152，最小的为87，全距＝152－87＝65，将数据分为8组，等距分组，各组组距为10，设最小组的下限为80，最大组的上限为160，利用 Excel 编制频数分布表如下：

40 家企业按产品销售收入分组表

分组／万元	企业数／家	累计频数	频率	累计频率
80～90	2	2	0.050	0.050
90～100	4	6	0.100	0.150
100～110	9	15	0.225	0.375
110～120	12	27	0.300	0.675
120～130	6	33	0.150	0.825
130～140	4	37	0.100	0.925
140～150	2	39	0.050	0.975
150～160	1	40	0.025	1.000
合计	40		1.000	

(2) 按先进企业、良好企业、一般企业、落后企业进行分组如下：

40 家企业分布表

分组	分组 / 万元	频数	频率
落后企业	87～105	11	0.275
一般企业	105～115	9	0.225
良好企业	115～125	10	0.25
先进企业	125～155	10	0.25
合计	合计	40	1

3. **解题过程** 由题可知，销售额的最小值为 25，最大值为 49，全距 = 49 - 25 = 24，分成 5 组，每组的组距为 5，利用 Excel 编制频数分布表如下：

某百货公司 40 天商品销售频数分布表

分组 / 万元	频数 / 天	频率
25～30	6	0.15
30～35	6	0.15
35～40	14	0.35
40～45	10	0.25
45～50	4	0.1
合计	40	1

直方图如下：

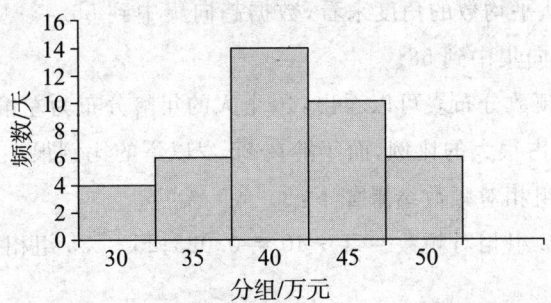

4. **解题过程** (1) 数据最小值为 18，最大值为 84，若以 15 为第一组的下限，将数据分为 7 组，(84 - 15)/7 = 9.86，所以组距选为 10，绘制频数分布表如下：

40个人的年龄信息

按年龄分组	频数	频率(%)
15～25	1	2.5
25～35	2	5
35～45	5	12.5
45～55	10	25
55～65	15	37.5
65～75	4	10
75～85	3	7.5
合计	40	100

(2) 40个人年龄的均值为 $\bar{x} = \dfrac{\sum_{i=1}^{40} x_i}{40} = \dfrac{2217}{40} = 55.43$，将40个人的年龄从小到大排序为：

$\quad$ 18　26　34　36　38　41　43　44　45　50

$\quad$ 50　51　52　52　53　53　54　54　56　58

$\quad$ 58　58　59　60　60　61　61　62　62　62

$\quad$ 63　63　63　65　66　71　71　77　83　84

中位数为第20位和第21位数据的平均数，即 $M_e = \dfrac{58+58}{2} = 58$。

综上，从平均数的角度来看，数据趋向集中到55.43；从中位数的角度看，数据趋向集中到58。

(3) 从频数分布表可以看出：40个人的年龄分布为左偏，即年龄在55～65岁的人占很大的比例，而年龄在25岁以下的比例很小。

(4) 各组相对频数结果如下：

15～25组相对频数 = 1÷40 = 0.025；25～35组相对频数 = 2÷40 = 0.05；

35～45组相对频数 = 5÷40 = 0.125；45～55组相对频数 = 10÷40 = 0.25；

55～65组相对频数 = 15÷40 = 0.375；65～75组相对频数 = 4÷40 = 0.1；

75~85 组相对频数 = 3÷40 = 0.075。

5. **解题过程** (1) 先将数据录入 Excel 表的一列中,并对 100 只灯泡使用寿命数据进行排序,结果见下表:

100 只灯泡使用寿命的排序表

651	676	685	691	695	698	704	709	717	727
658	677	685	691	695	699	705	710	718	728
661	679	685	691	696	699	706	710	718	729
664	681	688	692	696	700	706	712	719	729
665	681	688	692	696	700	706	712	720	733
666	682	689	692	697	701	707	713	721	735
668	683	689	693	697	701	707	713	722	736
671	683	690	693	698	702	708	715	722	741
673	683	690	694	698	702	708	716	725	747
674	684	691	694	698	703	708	717	726	749

(2) 全距 = 749 - 651 = 98,等距分组分成 10 组,利用 Excel 编制频数分布表如下:

100 只灯泡使用寿命频数分布表

按使用寿命分组/小时	灯泡个数/只	频率/%
650~660	2	2
660~670	5	5
670~680	6	6
680~690	16	16
690~700	26	26
700~710	18	18
710~720	12	12
720~730	9	9
730~740	3	3
740~750	3	3
合　计	100	100

利用 Excel 中的描述统计的直方图功能绘制直方图如下：

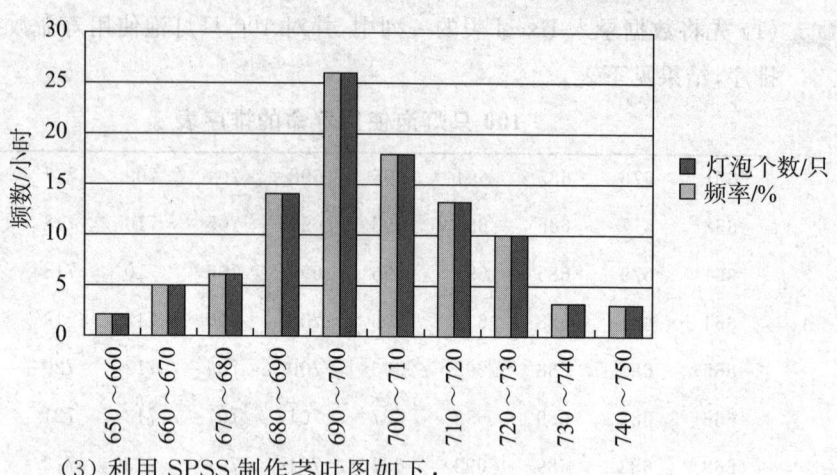

（3）利用 SPSS 制作茎叶图如下：

树茎	树叶	数据个数
65	18	2
66	14568	5
67	134679	6
68	11233345558899	14
69	00111122223344556667788889	26
70	0011223345666778889	18
71	0022335677889	13
72	0122567899	10
73	356	3
74	179	3

利用 Excel 制作的直方图中，每组的上限包含在本组之中，而茎叶图中，每组的上限不在本组内。本题中直方图和茎叶图的分布状况是相似的，茎叶图类似于横置的直方图。由此可以看出，灯泡的使用寿命服从正态分布。

6. 解题过程 （1）利用 Excel 对数据进行分组，结果如下：

分组/℃	天数/天	频率/%
−25～−20	8	12.31
−20～−15	11	16.92
−15～−10	7	10.77
−10～−5	15	23.08
−5～0	15	23.08
0～5	5	7.69
0～10	4	6.15
合计	65	100

(2) 绘制直方图如下：

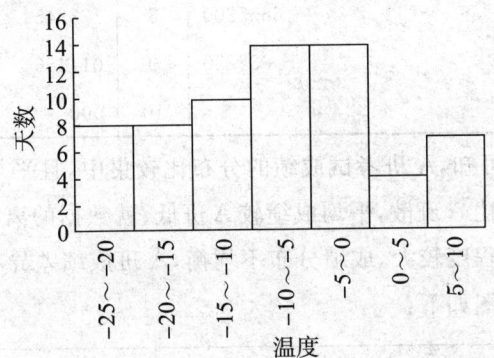

从直方图可以看出，该城市1月份至2月份气温分布基本上是对称的，温度在−10℃～−5℃、−5℃～0℃之间的天数最多。

7. 解题过程 (1) 绘制年龄分布直方图如下：

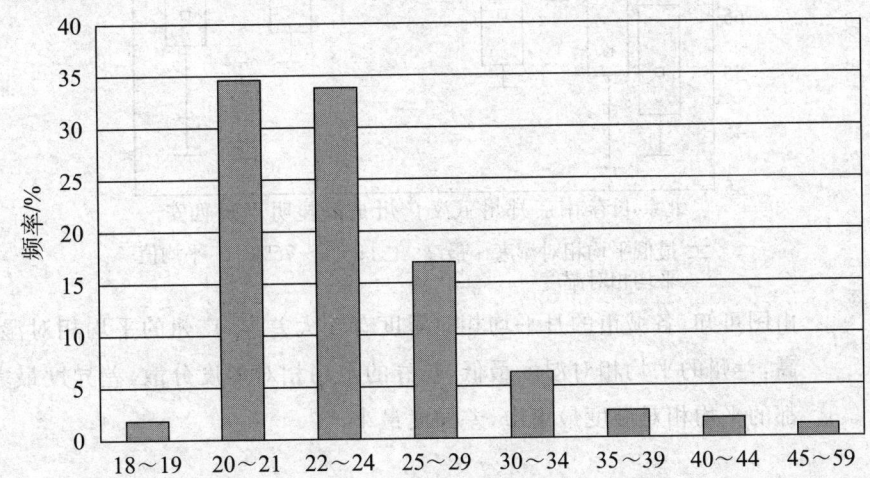

(2) 由图可知,自学考试人员年龄分布为右偏,即年龄在 20~24 岁的考生占很大比例,而年龄在 20 岁以下和 40 岁以上的比例很小。

8. 解题过程 (1) 制作茎叶图如下:

A 班		树茎	B 班	
数据个数	树叶		树叶	数据个数
0		3	59	2
1	4	4	0448	4
2	97	5	122456677789	12
11	97665332110	6	011234688	9
23	98877766555554443332100	7	00113449	8
7	6655200	8	123345	6
6	632220	9	011456	6
0		10	000	3

(2) 由图可知,A 班考试成绩的分布比较集中,且平均分数较高,B 班考试成绩分布比 A 班散,平均成绩较 A 班低;就数据的离散程度而言,B 班学生成绩差异程度较大,成绩分布不均衡,A 班成绩差异程度小,分布较均衡。

9. 解题过程 制作箱线图如下:

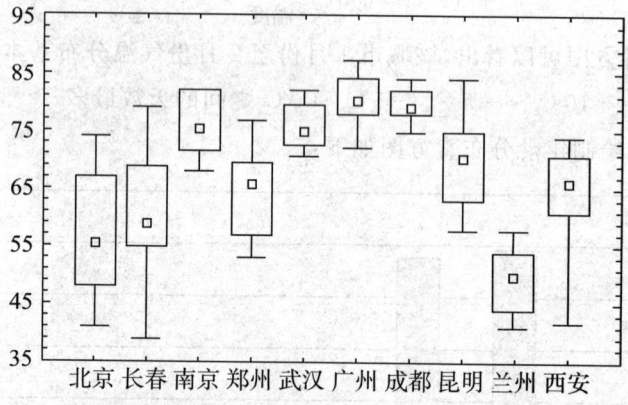

由图可知,各城市的月平均相对湿度有较大差异,广州的平均相对湿度最高,兰州的平均相对湿度最低,长春的平均相对湿度分散,差异度最大,成都的平均相对湿度最集中,差异度最小。

10. **解题过程** (1) 该百货公司日销售额的均值为

$$\bar{x} = \frac{\sum_{i=1}^{k} x_i}{k} = \frac{8223}{30} = 274.1$$

将6月份各天的销售额从小到大进行排序为

236	238	240	249	252	257	258	261	263	265
267	268	269	271	272	273	274	276	278	280
281	284	291	292	295	297	301	303	310	322

所以中位数为

$$M_e = \frac{272 + 273}{2} = 272.5$$

又 Q_L 的位置 $= \frac{n+1}{4} = \frac{31}{4} = 7.75$,即 Q_L 在第7个数值和第8个数值之间 0.75 的位置上,故 $Q_L = 258 \times 0.25 + 261 \times 0.75 = 260.25$,同理,$Q_U$ 的位置 $= \frac{3(n+1)}{4} = \frac{3 \times 31}{4} = 23.25$,故

$$Q_U = 291 \times 0.75 + 292 \times 0.25 = 291.25$$

(2) 日销售额的标准差为

$$S = \sqrt{\frac{\sum_{i=1}^{k}(x_i - \bar{x})^2}{k-1}}$$

$$= \sqrt{\frac{(257-274.1)^2 + (276-274.1)^2 + \cdots + (295-274.1)^2}{29}}$$

$$= 21.17(万元)$$

11. **解题过程** 甲企业的总平均成本 $= \frac{2100 + 3000 + 1500}{\frac{2100}{15} + \frac{3000}{20} + \frac{1500}{30}} = 19.41(元)$

乙企业的总平均成本 $= \frac{3255 + 1500 + 1500}{\frac{3255}{15} + \frac{1500}{20} + \frac{1500}{30}} = 18.29(元)$

所以甲企业的总平均成本较高。

尽管两个企业的单位成本相同,但单位成本较低的产品在乙企业的产量中所占比重较大,相应单位成本较高的产品在乙企业的产量中所占比重较小,因此总体上拉低了乙企业的总平均成本。

12. 解题过程 该地区 120 家企业利润额的均值为

$$\bar{x} = \frac{\sum_{i=1}^{k} M_i f_i}{\sum_{i=1}^{k} f_i} = \frac{250 \times 19 + 350 \times 30 + 450 \times 42 + 550 \times 18 + 650 \times 11}{120}$$

$$= 426.67(万元)$$

标准差为

$$S = \sqrt{\frac{\sum_{i=1}^{k}(M_i - \bar{x})^2 f_i}{\sum_{i=1}^{k} f_i - 1}}$$

$$= \sqrt{\frac{(250 - 426.67)^2 \times 19 + (350 - 426.67)^2 \times 30 + \cdots + (650 - 426.67)^2 \times 11}{119}}$$

$$= 116.48(万元)$$

13. 解题过程 (1) 由于男生和女生的平均体重不相等,不能直接比较标准差,应通过比较离散系数来确定体重差异较大的组:

女生体重的离散系数为

$$v_1 = \frac{s}{\bar{x}} = \frac{5}{50} = 0.1$$

男生体重的离散系数为

$$v_2 = \frac{s}{\bar{x}} = \frac{5}{60} = 0.083$$

由于 $v_1 > v_2$,所以女生的体重差异大。

(2) 女生:体重平均数 $= 50 \times 2.2 = 110$(磅),标准差 $s = 5 \times 2.2 = 11$(磅)。

男生:体重平均数 $= 60 \times 2.2 = 132$(磅),标准差 $s = 5 \times 2.2 = 11$(磅)。

(3) 假设大学生的体重服从正态分布,因为男生的平均体重是 60kg,体重的标准差是 5kg,体重在 $55 \sim 65$kg 之间,是平均体重的 1 个标准差范围,根据正态分布的特性,大约有 68.27% 的人体重在 $55 \sim 65$kg 之间。

(4) 假设大学生的体重服从正态分布,因为女生的平均体重是 50kg,体重的标准差是 5kg,体重在 $40 \sim 60$kg 之间,是平均体重的 2 个标准差范围,根据正态分布的特性,大约有 95.45% 的人体重在 $40 \sim 60$kg 之间。

14. 解题过程 (1) 比较成年组和幼儿组的身高差异宜采用离散系数进行测度,因为它不受不同组数据水平高低的影响。

(2) 成年组身高的平均值为

$$\bar{x}_1 = \frac{\sum x_i}{n} = \frac{166 + 169 + \cdots + 173}{10} = 172.1(\text{cm})$$

标准差为

$$s_1 = \sqrt{\frac{\sum (x_i - \bar{x})^2}{n-1}}$$

$$= \sqrt{\frac{(166-172.1)^2 + (169-172.1)^2 + \cdots + (173-172.1)^2}{9}}$$

$$= 4.2(\text{cm})$$

故成人组身高的离散系数为 $v_1 = \frac{s_1}{\bar{x}_1} = \frac{4.2}{172.1} = 0.024$

幼儿组身高的平均值为

$$\bar{x}_2 = \frac{\sum x_i}{n} = \frac{68 + 69 + \cdots + 75}{10} = 71.3(\text{cm})$$

标准差为

$$s_2 = \sqrt{\frac{\sum (x_i - \bar{x})^2}{n-1}}$$

$$= \sqrt{\frac{(68-71.3)^2 + (69-71.3)^2 + \cdots + (75-71.3)^2}{9}}$$

$$= 2.5(\text{cm})$$

故幼儿组身高的离散系数为 $v_2 = \frac{s_2}{\bar{x}_2} = \frac{2.5}{71.3} = 0.035 > 0.024 = v_1$。所以幼儿组身高差异大。

15. **解题过程** (1) 应该从平均值和标准差两个方面进行评价。在对各种方法的离散程度进行比较时,应该采用离散系数。

(2) 三种方法组装产品的平均值和标准差为

$X_A = 165.6, S_A = 2.13; X_B = 128.73, S_B = 1.75; X_C = 125.53, S_C = 2.77;$

离散系数分别为:

方法 A 的离散系数 $V_A = 1.29\%$;

方法 B 的离散系数 $V_B = 1.36\%$;

方法 C 的离散系数 $V_C = 2.21\%$。

选择方法 A。方法 A 组装的产品平均产量为 165.6,方法 B 组装的产品平均产量为128.73,方法C组装的产品平均产量为125.53,并且方法A的离散系数最低,说明方法A组装的产量高。

16. **解题过程** 相对平均数的标准化得分为 $z = \dfrac{x - \bar{x}}{\sigma}$,代入数据计算结果如下:

A项测试的标准化得分 $z_A = \dfrac{115 - 100}{15} = 1$;

B项测试的标准化得分 $z_B = \dfrac{425 - 400}{50} = 0.5$。

显然,1>0.5,因此,与平均分数相比,该位应试者的A类测试更为理想。

17. **解题过程** 离散系数计算公式为 $v = \dfrac{\sigma}{\bar{x}}$,代入数据计算结果如下:

海外乘客行李数量的离散系数为 $v_2 = \dfrac{6.8}{35} = 0.194$。

国内乘客组的离散系数高于海外乘客组,说明国内乘客的行李重量差异大。

18. **解题过程** (1) 因为在比较两组数据的差异程度时,方差和标准差都是以均值为基础计算出来的,因此有时候直接比较标准差是不准确的,需要剔除均值不等的影响,所以用变异系数来比较离散程度。

(2) 市盈率的离散系数 $v_1 = \dfrac{1.8}{10.9} = 0.165$;投资收益率的离散系数 $v_2 = \dfrac{5.2\%}{25\%} = 0.208$。

投资收益率的离散系数高于市盈率的离散系数,因此,投资收益率的离散程度高于市盈率。

19. **解题过程** (1) 可以用收益率的方差或标准差来反应投资的风险。收益率的方差反映了股票收益率的离散程度或稳定性,方差或标准差越小,说明收益率越稳定,风险越小,反之成立。也可以用收益率的离散系数或变异系数来反映投资的风险,离散系数或变异系数越大,风险越大,反之亦成立。

(2) 选商业类股票。从直方图可以看出,商业类股票收益率的离散程度较小,说明风险较小。

(3) 从投资风险角度看,应该选择风险比较小的商业类股票,当然选择哪种股票与投资者的主观判断有很大关系。如果投资者想要追求高收益,敢于冒高风险,可以选择高科技类股票,一般而言,高风险会有高收益。

20. **解题过程** 首先,从人口的性别比例上看,2000年时,0～24岁年龄段的人口中,男女比例基本平衡,总数大致相等。25～59岁的人口中,女性人口数略多于男性,这个年龄段的人是社会和家庭的中坚力量,由于各方面因素的影响,比如社会竞争和所从事行业的不同,导致男性人口的意外死亡率高于女性,因此女性人口数多于男性。60岁以上人口中,女性人口数多于男性,说明这个年龄段的人口中,女性人口的期望寿命高于男性。

其次,从人口总量上看,从1966年开始,美国出现人口负增长,人口总数首次出现下降,美国人口负增长的趋势一直延续到1980年。从1966年到1980年,美国的人口负增长趋势越演越烈。1976—1980年间,人口总量减少的程度最大。这段时间内,美国社会动荡,生活成本上升,导致人口出生率下降。从1981年开始,美国人口出生率增加,人口总量略有上升,但是总量上依然低于20世纪60年代中期。从1996年开始,美国出生人口数又再一次出现下降,最主要的原因是美国社会竞争激烈,生活成本加大。

案例分析全解

解:(1) 股票组合 Y 最有可能使投资者遭受负的投资回报率,证明如下:

三种股票投资组合的期望回报率和标准差为

1) 股票组合 X

$\mu_X = \sum x_i p_i = 0.2 \times 0.05 + 0.15 \times 0.15 + 0.1 \times 0.26 + \cdots + (0.20 \times 0.01) = 0.052\%$

$\sigma_X = \sqrt{(0.2-0.052)^2 \times 0.05 + (0.15-0.052)^2 \times 0.15 + \cdots + (-0.2-0.052)^2 \times 0.01}$
$= 0.087\%$

2) 股票组合 Y

$\mu_Y = \sum y_i p_i = 0.15 \times 0.1 + 0.1 \times 0.20 + 0.05 \times 0.30 + \cdots + (-0.15 \times 0.03) = 0.0335\%$

$\sigma_Y = \sqrt{(0.15-0.0335)^2 \times 0.1 + (0.1-0.0335)^2 \times 0.2 + \cdots + (-0.15-0.0335)^2 \times 0.03}$
$= 0.074\%$

3) 股票组合 Z

$\mu_Z = \sum z_i p_i = 0.25 \times 0.05 + 0.2 \times 0.1 + 0.15 \times 0.25 + \cdots + (-0.15 \times 0.03) = 0.085\%$

$\sigma_Z = \sqrt{(0.25-0.085)^2 \times 0.05 + (0.20-0.085)^2 \times 0.10 + \cdots + (-0.15-0.085)^2 \times 0.03}$
$= 0.097\%$

因为这三种股票投资组合的期望收益和标准差不相同,所以需要比较他们的离散系数。

股票组合 X 的离散系数 $=\dfrac{\sigma_X}{\mu_X}=\dfrac{0.087}{0.052}=1.68$；

股票组合 Y 的离散系数 $=\dfrac{\sigma_Y}{\mu_Y}=\dfrac{0.074}{0.0335}=2.21$；

股票组合 Z 的离散系数 $=\dfrac{\sigma_Z}{\mu_Z}=\dfrac{0.097}{0.085}=1.14$。

由此可见,股票组合 Y 的离散系数最大,因此股票组合 Y 最有可能使投资者遭受负的投资回报率。

注：投资组合的回报率 $\mu=\sum x_i p_i$,式中,x_i 表示投资组合的第 i 种可能的回报率,p_i 表示投资组合的第 i 种可能的概率。投资组合的标准差 $\sigma=\sqrt{\sum (x_i-\mu)^2 p_i}$。

(2) 由题(1)计算数据作图如下：

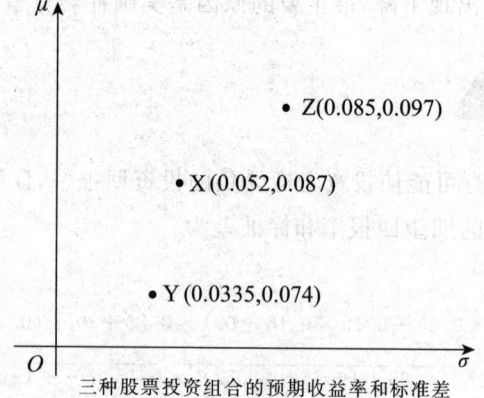

三种股票投资组合的预期收益率和标准差

(3) 我选择 Z,因为股票组合 Z 的离散系数最小,说明它的投资风险比较小,而且 Z 的期望回报率最大,所以选择 Z。

第三章
概率、概率分布与抽样分布

学习目标

★ 理解相关概念：事件、互斥事件、互补事件、概率；
★ 理解条件概率、乘法公式、全概率公式及其应用；
★ 理解并掌握离散型随机变量、连续型随机变量相关概率、数学期望和方差的计算；
★ 了解几种常见的离散型随机变量分布和连续型随机变量分布及其应用；
★ 了解四种常用的抽样方法；
★ 掌握一个样本统计量、两个样本统计量的抽样分布；
★ 了解几个重要的统计分布：t 分布、χ^2 分布、F 分布的定义，掌握分布的性质和特点；
★ 掌握中心极限定理的含义及其应用。

基本知识点

表 3.1　基本知识点

章节	主要内容	学习要点
3.1 事件及其概率	试验、事件和样本空间	■ 了解相关概念：随机试验、事件、必然事件、不可能事件、基本事件、样本空间、样本点
	事件的概率	■ 古典概率、统计概率、主观概率的定义及其应用

章节	主要内容	学习要点
	概率的性质和运算法则	■ 互斥事件及其概率 ■ 事件的补及其概率 ■ 广义加法公式
	条件概率与事件的独立性	■ 条件概率的定义及其应用 ■ 乘法公式 ■ 独立事件的概率乘法公式
	全概率公式与逆概率公式	■ 全概率公式及逆概率公式的定义及其应用
3.2 随机变量及其概率分布	随机变量	■ 离散型随机变量、连续型随机变量
	离散型随机变量的概率分布	■ 离散型随机变量的概率分布表格形式及其性质
	离散型随机变量的数学期望和方差	■ 离散型随机变量的数学期望和方差公式及其应用
	几种常用的离散型概率分布	■ 两点分布、二项分布、泊松分布、超几何分布的应用
	概率密度函数与连续型随机变量	■ 概率密度函数、分布函数
	常见的连续型随机变量的概率分布	■ 正态分布、均匀分布、指数分布定义及其应用
3.3 常用的抽样方法	简单随机抽样、分层抽样、系统抽样、整群抽样	■ 统计量、参数、抽样方法的区别及其应用
3.4 抽样分布	抽样分布的概念	■ 抽样分布
	$\bar{x}$ 抽样分布的形式	■ 大样本情形下 $\bar{x}$ 抽样分布的形式
	$\bar{x}$ 抽样分布的特征	■ $\bar{x}$ 抽样分布的数学期望与方差 ■ t 分布的定义、图形、特点、性质及与正态分布的联系
	样本比率的抽样分布	■ 大样本情形下抽样比率的抽样分布
	样本方差的抽样分布	■ 正态总体的样本方差的抽样分布 ■ χ^2 分布的定义、性质和特点
	两个样本统计量的抽样分布	■ 两个样本均值之间的抽样分布 ■ 两个样本方差比的抽样分布
3.5 中心极限定理的应用	中心极限定理的应用	■ 中心极限定理的内容及其应用

重难点解析

1. 概率的三种定义：

概率是对某一特定事件出现可能性大小的度量值。事件 A 发生的概率记为 $P(A)$，是介于 0 和 1 之间的一个值。

（1）古典概率

若基本事件满足以下两个特点：

① 有限性：试验的基本事件总数有限，即样本空间包含有限多个样本点；

② 等可能性：每个基本事件（样本点）出现的可能性相同。

则事件 A 的概率可用如下公式计算：

$$P(A) = \frac{\text{事件 } A \text{ 中包含的基本事件数}}{\text{样本空间中基本事件总数}} = \frac{m}{n}$$

（2）统计概率

若在相同条件下重复进行的 n 次试验中，事件 A 发生了 m 次。当试验次数 n 很大时，事件 A 发生的频率 $\frac{m}{n}$ 稳定地在某一常数 p 上下波动，而且这种波动的幅度一般会随着试验次数增加而减小，则定义 p 为事件 A 发生的概率，记为

$$P(A) = p \approx \frac{m}{n}$$

（3）主观概率

主观概率，是指依据人们的主观判断而估计的随机事件发生的可能性大小。

2. 互斥事件与互补事件

在一项试验中，若两个事件中有一个发生时，另一个就不可能发生，称这两个事件为互斥事件。用集合的语言来说，互斥事件就是指"没有公共样本点的两个事件"。

若事件 $A_1, A_2, \cdots, A_n$ 中任意两个事件互斥，则称这 n 个事件为互斥事件。

互补事件指不可能同时发生而又必然有一个会发生的两个事件。事件 A 的补事件记为 $\bar{A}$，也称为逆事件。则互补事件 A 与 $\bar{A}$ 之间的关系可以表示为：$A \cap \bar{A} = \Phi$，$A \cup \bar{A} = \Omega$。

根据互补事件的定义可以看出，互补事件一定是互斥事件，但反过来未必成立。

互补事件的概率之和等于 1，即

$$P(A) + P(\bar{A}) = 1 \quad \text{或} \quad P(\bar{A}) = 1 - P(A)$$

3. 概率的性质

(1) 非负性：对于任意事件 $A, P(A) \geqslant 0$；

(2) 规范性：概率是介于 0 和 1 之间的一个值，即对于任意事件 $A, 0 \leqslant P(A) \leqslant 1$；

(3) 必然事件的概率为 1，不可能事件发生的概率为零，即 $P(\Omega) = 1, P(\Phi) = 0$；

(4) 若两个事件 A 与 B 互斥，A 或者 B 发生的概率等于两个事件各自的概率之和，即 $P(A \bigcup B) = P(A) + P(B)$。

4. 条件概率与独立性

在已知事件 B 已经发生的条件下 A 发生的条件概率记为 $P(A \mid B)$。

条件概率的计算公式为：

$$P(A \mid B) = \frac{P(AB)}{P(B)}, P(B) > 0$$

一个事件 A 的发生与否并不影响另一个事件 B 发生的概率，用式子表示为：

$$P(A \mid B) = P(A) \quad \text{或} \quad P(B \mid A) = P(B)$$

则称事件 A 和 B 互为独立事件。

5. 全概率公式与逆概率公式

全概率公式：

$$P(A) = \sum_{i=1}^{n} P(AB_i) = \sum_{i=1}^{n} P(B_i) P(A \mid B_i)$$

其中，$B_1, B_2, \cdots, B_n$ 是互不相容的事件且 $B_1 \bigcup B_2 \bigcup \cdots \bigcup B_n = \Omega, P(B_i) > 0$，$i = 1, 2, \cdots, n$

逆概率公式：

$$P(B_i \mid A) = \frac{P(B_i) P(A \mid B_i)}{\sum_{i=1}^{n} P(B_i) P(A \mid B_i)}$$

式中，$B_1, B_2, \cdots, B_n$ 表示完备事件组。

6. 随机变量的概率分布及数字特征

(1) 离散型随机变量

离散型随机变量 X 只取有限个可能的值 $x_1, x_2, \cdots$ 而且是以确定的概率取这些值，即 $P(X = x_i) = p_i (i = 1, 2, \cdots)$。因此，可以列出 X 的所有可能取值 $x_1, x_2, \cdots$ 以及取每个值的概率 $p_1, p_2, \cdots$ 将它们用表格的形式表现出来，就是离散型随机变量的概率分布。

$X=x_i$	x_1	x_2	⋯
$P(X=x_i)=p_i$	p_1	p_2	⋯

(2) 连续型随机变量

连续型随机变量的概率分布通过概率密度函数 $f(x)$ 的分布函数 $F(x)$ 来描述。概率密度函数给出的是连续随机变量某一特定值的函数值，这一函数值不是真正意义上的取值概率。由于连续型随机变量取某个特定值的概率等于 0，所以只能计算连续随机变量落在一定区间内的概率，它用 x 轴以上、概率密度函数 $f(x)$ 曲线下方的面积来表示。

对于随机变量 X，设 x 为任意常数，则函数 $F(x)=P(X\leqslant x)$ 称为随机变量 X 的分布函数。

(3) 随机变量的数字特征

① 数学期望

离散型随机变量：$E(X)=\mu=\sum_i x_i p_i$

连续型随机变量：$E(x)=\mu=\int_{-\infty}^{\infty} xf(x)\mathrm{d}x$

② 方差

离散型随机变量：$D(X)=\sigma^2=\sum_i (x_i-\mu)^2 p_i$

连续型随机变量：$D(X)=\sigma^2=\int_{-\infty}^{\infty}(x-\mu)^2 f(x)\mathrm{d}x$

7. 常见的离散型概率分布及数字特征总结

名称	概率分布 $P(X=x)$	数学期望 μ	方差 σ^2
二点分布	$p^x(1-p)^{1-x}, x=0,1$	p	$p(1-p)$
二项分布 $B(n,p)$	$C_n^x p^x(1-p)^{n-x}, x=0,1,2,\cdots,n$	np	$np(1-p)$
泊松分布 $P(\lambda)$	$\dfrac{\lambda^x}{x!}\mathrm{e}^{-\lambda}, x=0,1,2,\cdots$	λ	λ
超几何分布 $H(n,N,M)$	$\dfrac{C_M^x C_{N-M}^{n-x}}{C_N^n}, x=0,1,2,\cdots,l, l=\min(M,n)$	np	$np(1-p)\dfrac{N-n}{N-1}$

8. 常见的连续型随机变量及数字特征总结

名称	概率密度函数 $f(x)$	数学期望 μ	方差 σ^2
正态分布 $N(\mu,\sigma^2)$	$\dfrac{1}{\sigma\sqrt{2\pi}}e^{-\frac{(x-\mu)^2}{2\sigma^2}}, -\infty<x<+\infty$	μ	σ^2
均匀分布 $U[a,b]$	$\dfrac{1}{b-a}, a\leqslant x\leqslant b$	$\dfrac{a+b}{2}$	$\dfrac{(b-a)^2}{12}$
指数分布 $E(\lambda)$	$\lambda e^{-\lambda x}, x\geqslant 0, \lambda>0$	$\dfrac{1}{\lambda}$	$\dfrac{1}{\lambda^2}$

9. $\bar{x}$ 抽样分布

(1) $\bar{x}$ 抽样分布的形式

原有总体是正态分布，无论样本量的大小，样本均值的抽样分布都服从正态分布。

原有总体的分布是非正态分布，当 n 充分大时（通常要求 $n\geqslant 30$），则根据中心极限定理，样本均值 $\bar{x}$ 的抽样分布近似服从均值为 μ、方差为 σ^2/n 的正态分布。

(2) $\bar{x}$ 抽样分布的特征

1) 重复抽样

样本均值的数学期望等于总体均值，即 $E(\bar{x})=\mu$

样本均值的方差为总体方差的 $1/n$，即 $\sigma_{\bar{x}}^2=\dfrac{\sigma^2}{n}$

即 $\bar{x}\sim N\left(\mu,\dfrac{\sigma^2}{n}\right)$，等价的有 $\dfrac{\bar{x}-\mu}{\sigma/\sqrt{n}}\sim N(0,1)$。

2) 不重复抽样

样本均值的数学期望等于总体均值，即 $E(\bar{x})=\mu$

样本均值的方差则需要用修正系数 $\left(\dfrac{N-n}{N-1}\right)$ 去修正重复抽样时样本均值的方差，即

$$\sigma_{\bar{x}}^2=\dfrac{\sigma^2}{n}\left(\dfrac{N-n}{N-1}\right)$$

即 $\bar{x}\sim N\left(\mu,\dfrac{\sigma^2}{n}\left(\dfrac{N-n}{N-1}\right)\right)$。

10. t 分布

在样本均值 $\bar{x}$ 的抽样分布中，如果总体标准差 σ 未知，则只好用样本标准差 s 代替，这时样本均值 $\bar{x}$ 的抽样分布则服从于自由度为 $(n-1)$ 的 t 分布，即：

$$\dfrac{\bar{x}-\mu}{s/\sqrt{n}}\sim t(n-1)$$

t 分布的密度函数是一偶函数,如图所示。

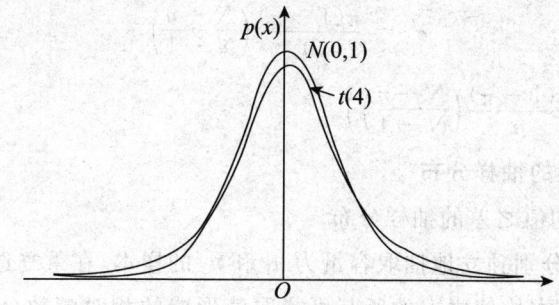

t 分布的数学期望 $E(t) = 0$,当 $n \geqslant 2$ 时;

t 分布的方差 $D(t) = \dfrac{n}{n-2}$,当 $n \geqslant 3$ 时。

11. χ^2 分布

对于来自正态分布的简单随机样本,比值 $\dfrac{(n-1)s^2}{\sigma^2}$ 的抽样分布服从自由度为 $(n-1)$ 的 χ^2 分布,即:

$$\chi^2 = \dfrac{(n-1)s^2}{\sigma^2} \sim \chi^2(n-1)$$

χ^2 分布的特点:

①χ^2 分布的变量值始终为正。

②$\chi^2(n)$ 分布的形状取决于其自由度 n 的大小,通常为不对称的右偏分布,但随着自由度的增大逐渐趋于对称。

③χ^2 分布的期望为 $E(\chi^2) = n$,方差为 $D(\chi^2) = 2n$(n 为自由度)。

④χ^2 分布具有可加性。若 U 和 V 为两个独立的 χ^2 分布随机变量,$U \sim \chi^2(n_1)$,$V \sim \chi^2(n_2)$,则 $U+V$ 这一随机变量服从自由度为 $(n_1 + n_2)$ 的 χ^2 分布。

12. 样本比率的抽样分布

当 $np \geqslant 5$ 和 $n(1-p) \geqslant 5$ 时,样本比率 p 的抽样分布可用正态分布近似。p 的数学期望 $E(p)$ 等于总体的比率 π,即:

$$E(p) = \pi$$

(1) 重复抽样条件下

$$\sigma_p^2 = \dfrac{\pi(1-\pi)}{n}$$

即 $p \sim N\left(\pi, \dfrac{\pi(1-\pi)}{n}\right)$。

(2) 不重复抽样条件下，用修正系数加以修正，即：

$$\sigma_p^2 = \frac{\pi(1-\pi)}{n}\left(\frac{N-n}{N-1}\right)$$

即 $p \sim N\left(\pi, \frac{\pi(1-\pi)}{n}\left(\frac{N-n}{N-1}\right)\right)$。

13. 两个样本统计量的抽样分布

(1) 两个样本均值之差的抽样分布

从两个总体中分别独立地抽取容量为 n_1 和 n_2 的样本，在重复选取容量为 n_1 和 n_2 的样本时，由两个样本均值之差的所有可能取值形成的相对频数分布，称为两个样本均值之差的抽样分布。

取容量为 n_1 的样本，其样本均值为 $\overline{x}_1$，取容量为 n_2 的样本，样本均值为 $\overline{x}_2$，

当两个总体都为正态分布时，即 $x_1 \sim N(\mu_1, \sigma_1^2)$，$x_2 \sim N(\mu_2, \sigma_2^2)$，

则 $(\overline{x}_1 - \overline{x}_2) \sim N\left(\mu_1 - \mu_2, \frac{\sigma_1^2}{n_1} + \frac{\sigma_2^2}{n_2}\right)$。

(2) 两个样本比率的抽样分布

从两个服从二项分布的总体中，分别独立地抽取容量为 n_1 和 n_2 的样本，在重复选取容量为 n_1 和 n_2 的样本时，由两个样本比率之差的所有可能取值形成的相对频数分布。

则 $(p_1 - p_2) \sim N\left(\pi_1 - \pi_2, \frac{\pi_1(1-\pi_1)}{n_1} + \frac{\pi_2(1-\pi_2)}{n_2}\right)$。

(3) 两个样本方差比的抽样分布

设两个总体都为正态分布，即 $x_1 \sim N(\mu_1, \sigma_1^2)$，$x_2 \sim N(\mu_2, \sigma_2^2)$，分别从两个总体中抽取容量为 n_1 和 n_2 的独立样本，则

$$F = \frac{s_1^2/\sigma_1^2}{s_2^2/\sigma_2^2} \sim F(n_1 - 1, n_2 - 1)$$

14. 中心极限定理内容

设从均值为 μ，方差为 σ^2 的一个任意总体中抽取容量为 n 的样本，当 n 充分大时，样本均值 $\overline{x}$ 的抽样分布近似服从均值为 μ、方差为 σ^2/n 的正态分布。样本量越大，$\overline{x}$ 的抽样分布越近似于正态分布。

典型例题解析

例（教材中例 3.28）：考虑某离散型随机变量 X，若 $X \sim B(100, 0.2)$，试计算这 100

次伯努利实验中恰好有 15 次成功的概率。

解:由题意知,$np = 100 \times 0.2 = 20 > 5$ 且 $n(1-p) = 100 \times (1-0.2) = 80 > 5$,所以可用正态分布进行近似计算,根据公式有

$$\begin{aligned} P(X=15) &\approx P(14.5 \leqslant X^* \leqslant 15.5) \\ &= \Phi\left(\frac{15.5-20}{\sqrt{100\times 0.2\times(1-0.2)}}\right) - \Phi\left(\frac{14.5-20}{\sqrt{100\times 0.2\times(1-0.2)}}\right) \\ &= \Phi(-1.125) - \Phi(-1.375) \\ &= \Phi(1.375) - \Phi(1.125) \\ &\approx 0.9154 - 0.8697 \\ &= 0.0457 \end{aligned}$$

注:设随机变量服从二项分布,即 $X \sim B(n,p)$,当 n 很大时可用正态分布进行近似计算,X 落入区间 $[a,b]$ 的概率为

$$P(a \leqslant X \leqslant b) \approx \Phi\left(\frac{b-0.5-np}{\sqrt{np(1-p)}}\right) - \Phi\left(\frac{a-0.5-np}{\sqrt{np(1-p)}}\right).$$

思考题全解

1. 解:对于随机事件,对其发生的可能性大小的度量值称为概率。概率是一种现象的固有属性,和试验没有关系。而频率是一组试验中关心的某个结果出现的次数与所有试验次数的比值,它和试验密切相关。一般来说,随着试验次数的增多,频率会接近于概率。

2. 解:(1) 古典概率

古典概率的应用要求样本空间,即出现的结果是有限的并且是已知的。例如:已知一个骰子掷出的点数是 1 至 6 点,两个骰子同时掷,出现的点数是 2 至 12 点,等等。机会游戏的很多问题可以满足这些条件。但现实生活中的实际问题样本空间或者出现的结果为无限或者未知,因而古典概率的应用具有较强的局限性。

(2) 统计概率

统计概率通常是计算大量重复试验中该事件出现次数的比率。但有些试验是不能重复的。例如:投资开设一家餐馆,那么要预测这家餐馆生存 5 年的概率,就不可能重复地将这家饭馆开很多家。

(3) 主观概率

古典概率和统计概率都属于客观概率,它们的确定完全取决于对客观条件的理论分

析或是大量重复试验的事实,不以个人的意志为转移。而有些事件,特别是未来的某一事件,既不能通过等可能事件个数来计算,也不能根据大量重复试验的频率来估计,但决策者又必须对其进行估计从而作出相应的决策,那就需要应用主观概率。主观概率需要人们根据经验、专业知识、对事件发生的众多条件或影响因素进行分析,以此确定主观概率。

3. 解:(1) 联系

① $F(x) = \int_{-\infty}^{x} f(x) \mathrm{d}x$

② 若 $f(x)$ 在 x 处连续,则有 $F'(x) = f(x)$

(2) 区别

概率密度函数只是给出了连续型随机变量某一特定值的函数值,这一函数值不是真正意义上的取值概率,连续型随机变量在给定区间内取值的概率对应的是概率密度函数 $f(x)$ 曲线(或直线)在该区间上围成的面积,这一特征恰恰意味着连续型随机变量在某一点的概率值为 0,因为它对应的面积为 0。而分布函数 F 在 x 处的取值,就是随机变量 X 的取值落在区间 $(-\infty, x)$ 的概率。

4. 解:(1) 全概率公式:

$$P(A) = \sum_{i=1}^{n} P(AB_i) = \sum_{i=1}^{n} P(B_i) P(A \mid B_i)$$

其中,$B_1, B_2, \cdots, B_n$ 是互不相容的事件且 $B_1 \cup B_2 \cup \cdots \cup B_n = \Omega$,$P(B_i) > 0$,$i = 1, 2, \cdots, n$。

如果对于某一复杂事件 A 的概率,能够构造合适的完备事件组,使得这些事件的概率和给定这些事件下 A 的条件概率较易确定,就可以用全概率公式。

(2) 逆概率公式:

$$P(B_i \mid A) = \frac{P(B_i) P(A \mid B_i)}{\sum_{i=1}^{n} P(B_i) P(A \mid B_i)}$$

式中,$B_1, B_2, \cdots, B_n$ 表示完备事件组。

逆概率公式是要在事件 A 已经发生的条件下来计算完备事件组 $B_1, B_2, \cdots, B_n$ 中每个事件的发生概率。

5. 解:(1) 离散型随机变量 X 只取有限个可能的值 $x_1, x_2, \cdots, x_n$,而且是以确定的概率取这些值,即 $P(X = x_i) = p_i (i = 1, 2, \cdots, n)$。因此,可以列出 X 的所有可能取值 $x_1, x_2, \cdots, x_n$,以及取每个值的概率 $p_1, p_2, \cdots, p_n$,将它们用表格的形式表现出来,

就是离散型随机变量的概率分布。

设 X 是一连续型随机变量,它代表某一区间或多个区间中的任意数值,它的概率分布通过概率密度函数来表述,记作 $f(x)$。

(2)① $F(x) = \int_{-\infty}^{x} f(x)\mathrm{d}x$

② 若 $f(x)$ 在 x 处连续,则有 $F'(x) = f(x)$

6. 解:第 2 章中所讲的均值就是算术平均数,是数据集中趋势的最主要测度值;方差是数据离差平方的平均数。

数学期望又称均值,它实质上是随机变量所有可能取值的一个加权平均,其权数就是取值的概率。对于离散型随机变量,其均值和方差分别为:

$$\mu = E(X) = \sum_{i} x_i p_i$$

$$\sigma^2 = D(X) = \sum_{i} (x_i - \mu)^2 p_i$$

对于连续型随机变量,其均值和方差为

$$\mu = E(X) = \int_{-\infty}^{\infty} x f(x)\mathrm{d}x$$

$$\sigma^2 = E(X^2) - E^2(X) = \int_{-\infty}^{\infty} x^2 f(x)\mathrm{d}x - \mu^2$$

7. 解:从理论上来讲,二项分布只适用于重复抽样(即从总体中抽出一个个体观察完后放回总体,然后再抽下一个个体)。但在实际抽样中,很少采用重复抽样。不过,当总体的元素数目 N 很大而样本量 n 相对于 N 来说很小时,二项分布仍然适用。

但如果是采用不重复抽样,各次试验并不独立,成功的概率也互不相等,而且总体元素的数目很小或样本量 n 相对于 N 来说较大时,二项分布就不再适用,这时,样本中"成功"的次数则服从超几何概率分布。

若 X 服从二项分布 $B(n,p)$,则 $E(X) = np$,$D(X) = np(1-p)$;

若 Y 服从超几何分布 $H(n,N,M)$,则 $E(Y) = n\dfrac{N}{M}$,$D(X) = n\dfrac{M}{N}\left(1 - \dfrac{M}{N}\right)\dfrac{N-n}{N-1}$。

8. 解:(1) 正态分布所描述的随机现象具有如下特点:

① 正态曲线的图形是关于 $x = \mu$ 的对称钟形曲线,且峰值在 $x = \mu$ 处。

② 正态分布的两个参数均值 μ 和标准差 σ 一旦确定,正态分布的具体形式也就唯一确定,不同参数取值的正态分布构成一个完整的"正态分布族"。

③ 正态分布的均值 μ 可以是实数轴上的任意数值,它决定正态曲线的具体位置,标准差 σ 相同而均值不同的正态曲线在坐标轴上体现为水平位移。

④ 正态分布的标准差 σ 为大于零的实数,它决定正态曲线的"陡峭"或"扁平"程度。σ 越大,正态曲线越扁平;σ 越小,正态曲线越陡峭。

⑤ 当 X 的取值向横轴左右两个方向无限延伸时,正态曲线的左右两个尾端也无限渐近横轴,但理论上永远不会与之相交。

⑥ 与其他连续型随机变量相同,正态随机变量在特定区间上的取值概率由正态曲线下的面积给出,而且其曲线下的总面积等于1。

(2) 如果原有总体是正态分布,那么,无论样本量的大小,样本均值的抽样分布都服从正态分布。若原有总值的分布是非正态分布,随着样本量 n 的增大(通常要求 $n \geqslant 30$),不论原来的总体是否服从正态分布,样本均值的抽样分布都将趋于正态分布,其分布的数学期望为总体均值 μ,方差为总体方差的 $1/n$。这就是统计上著名的中心极限定理。因此许多随机现象服从或近似服从正态分布。

9. 解:(1) 服从均匀分布的随机变量在其取值范围 $[a,b]$ 的概率密度函数是个常量。也就是说,均匀随机变量在区间内取任何一个值的概率都相同,因此,在所有可能取值的范围内分布是均匀的。

(2) 指数分布是用于描述等待某一特定事件发生所需时间的一种连续型概率分布。例如:某些产品的寿命、两辆汽车先后到达某加油站的间隔时间、某人接到一次拨错号码的电话所等待的时间等。这些随机变量通常可以认为只取非负值,因而常用近似的服从指数分布来描述。

10. 解:当样本量 n 越来越大时,二项分布越来越近似服从正态分布。这时,二项随机变量的直方图的形状接近正态分布的图形形状。

即使对于小样本,当 $p = 0.5$ 时,二项分布的正态的近似仍然相当好,此时随机变量 X 的分布是相对于其平均值 $\mu = np$ 对称的。当 p 趋于 0 或 1 时,二项分布将呈现出偏态,但当 n 变大时,这种偏斜就会消失。一般来说,只要当 n 大到使 np 和 $n(1-p)$ 都大于或等于 5 时,近似的效果就相当好。

11. 解:设某险种的投保人数为 n,保险公司的赔付金额为 $x_i(i = 1, 2, \cdots, n)$,则保险公司的平均赔付金额为 $\bar{x} = \dfrac{\sum\limits_{i=1}^{n} x_i}{n}$。根据中心极限定理,当 n 比较大时,$\bar{x} \sim N\left(\mu, \dfrac{\sigma^2}{n}\right)$。对于同一险种,由于每个投保人之间是相互独立的,所以,无论有多少人参加投保,保险公司对每个投保人的平均赔付的均值等于总体均值,但是,对每个投保人的平均赔付的方差为 $\frac{\sigma^2}{n}$,故随着投保人数 n 的增加,平均赔付的方差越来越小,即保险公司的相对风险会越小。

12. 解:总体分布是总体中关于某个变量(标志)的所有取值所形成的分布。同一变量不同总体或同一总体不同变量,其分布是不同的。

样本分布是样本中关于某个变量(标志)的所有取值所形成的分布,它是关于 n 个观察值的分布。样本分布可以用于估计总体分布。

抽样分布是由样本中 n 个观察值计算的统计量的概率分布。由于从一个总体可以抽取样本量为 n 的若干样本,所以统计量的值就有若干个,抽样分布即为这若干个统计量的值所形成的分布。在统计中,总体分布往往未知,需要借助于抽样分布这个桥梁来研究样本分布与总体分布的关系,进而推断总体分布。

13. 解:样本均值的方差与抽样方法有关。在重复抽样条件下,样本均值的方差为总体方差的 $1/n$,即 $\sigma_{\bar{x}}^2 = \frac{\sigma^2}{n}$;在不重复抽样条件下,样本均值的方差则需要用修正系数 $\frac{N-n}{N-1}$ 去修正重复抽样时样本均值的方差,即 $\sigma_{\bar{x}}^2 = \frac{\sigma^2}{n}\left(\frac{N-n}{N-1}\right)$。

对无限总体进行不重复抽样时,可以按重复抽样来处理,因为修正因子 $\frac{(N-n)}{(N-1)}$ 趋于 1;对于有限总体,当 N 很大而 n 很小时,其修正系数也趋于 1,此时样本均值的标准差也可以按公式 $\frac{\sigma}{\sqrt{n}}$ 计算。

14. 解:设从均值为 μ、方差为 σ^2 的一个任意总体中抽取容量为 n 的样本,当 n 充分大时样本均值 $\bar{x}$ 的抽样分布近似服从均值为 μ、方差为 $\frac{\sigma}{n}$ 的正态分布。样本量越大,$\bar{x}$ 的抽样分布越接近于正态分布。

中心极限定理提供了一个非常有用的样本均值的近似抽样分布,即不论总体服从何种分布,只要能够得到足够大(通常 $n \geq 30$)的随机样本,就可以放心地利用正态分布的性质进行各种统计推断。

练习题全解

1. **解题过程** (1) $\Omega = \{$(正,正,正),(反,正,正),(反,反,正),(反,反,反),(正,反,正),(正,反,反),(反,正,反),(正,正,反)$\}$

(2) 因为两个球颜色不同,记为颜色 1,颜色 2,;两个格子记为 1 号格子,2 号格子,则其基本空间为

$$\Omega = \left\{ \begin{array}{l} (颜色1的球放进1号格子,颜色2的球放进2号格子), \\ (颜色2的球放进1号格子,颜色1的球放进2号格子) \end{array} \right\}$$

(3) 可以认为两个相同颜色的球是无差别的,则 $\Omega = \{$两个球分别放入两个格子$\}$

(4) 设灯泡的寿命为 t,则 $\Omega = \{t \mid t \geqslant 0\}$

(5) 设某产品的不合格率为 p,则 $\Omega = \{p \mid 0 \leqslant p \leqslant 1\}$

2. **解题过程** 设事件 $A_1=$"幸运者为女性",$A_2=$"幸运者为工程师",$A_3=$"幸运者为女工程师",$A_4=$"幸运者为女性或工程师",则依题意有

$$P(A_1) = \frac{4}{12} = \frac{1}{3}, P(A_2) = \frac{4}{12} = \frac{1}{3}, P(A_3) = P(A_1A_2) = \frac{2}{12} = \frac{1}{6},$$

$$P(A_4) = P(A_1 \cup A_2) = \frac{6}{12} = \frac{1}{2}$$

由概率的加法公式可知,四者之间的关系为

$$P(A_4) = P(A_1 \cup A_2) = P(A_1) + P(A_2) - P(A_1A_2)$$

3. **解题过程** 记事件 $A_i=$"命中第 i 座军火库",$i=1,2$,则依题意有 $P(A_1)=0.06, P(A_2)=0.09$,且 A_1 与 A_2 独立

即 $P(A_1A_2) = P(A_1)P(A_2) = 0.06 \times 0.09 = 0.0054$,所以炸毁这两个军火库的概率为

$$P(A_1 \cup A_2) = P(A_1) + P(A_2) - P(A_1A_2) = P(A_1) + P(A_2) - P(A_1)P(A_2)$$
$$= 0.1446$$

4. **解题过程** 记事件 $A_i=$"第 i 发命中",$i=1,2$,则依题意有:$P(A_1) = 80\%, P(A_2) = 50\%$

所求概率为:$P(\overline{A_1}\,\overline{A_2})P(\overline{A_1})P(\overline{A_2}) = (1-80\%) \times (1-50\%) = 10\%$

5. **解题过程** 设 $A=$产品为合格品,$B=$检查系统产生错判。则由全概率公式可得:

$$P(B) = P(BA) + P(B\overline{A})$$
$$= P(A)P(B \mid A) + P(\overline{A})P(B \mid \overline{A})$$
$$= 0.98 \times (1-0.98) + (1-0.98) \times 0.05$$
$$= 0.0206$$

注:全概率公式:$P(A) = \sum_{i=1}^{n} P(AB_i) = \sum_{i=1}^{n} P(B_i)P(A \mid B_i)$

其中,$B_1,B_2,\cdots,B_n$ 是互不相容的事件且 $B_1 \cup B_2 \cup \cdots \cup B_n = \Omega$,$P(B_i) > 0, i = 1,2,\cdots,n$ 全概率公式对于概率理论及其应用有着很大的作用,它能将一个相对复杂的事件分解成多个相对简单的便于计算概率的事件。在很多场合下,选择事件与事件的补作为完备事件组常常是一个简便而有效的途径。

6. 解题过程 记事件 $A =$ "男性", $B =$ "色盲", 则由题意知:$P(A) = 51\%$, $P(B \mid A) = 5\%$, $P(B \mid \bar{A}) = 0.25\%$, 则所求概率为

$$P(A \mid B) = \frac{P(AB)}{P(B)} = \frac{P(A)P(B \mid A)}{P(AB) + P(\bar{A}B)}$$

$$= \frac{\frac{51}{100} \times 5\%}{\frac{51}{100} \times 5\% + \frac{49}{100} \times 0.25\%} = 95.42\%$$

7. 解题过程 (1) $P(2 \leqslant X \leqslant 5) = P(X=2) + P(X=3) + P(X=4) + P(X=5)$
$= 0.209 + 0.223 + 0.178 + 0.114 = 0.724$

(2) $P(X \leqslant 1) = P(X=0) + P(X=1) = 0.041 + 0.130 = 0.171$

(3) $P(X > 5) = 1 - P(X \leqslant 5) = 1 - (0.724 + 0.171) = 0.105$

8. 解题过程 记事件 $A =$ "寿命超过 55 岁", $B =$ "寿命超过 70 岁", 则 $P(AB) = P(B)$, 所求概率为

$$P(B \mid A) = \frac{P(AB)}{P(A)} = \frac{P(B)}{P(A)} = 0.75$$

9. 解题过程 记 $A =$ "优质率达 95%", $B =$ "5 件产品全部达到优质品标准", 依题意知, $\bar{A} =$ "优质率达 80%", 且 $P(A) = 40\%$, $P(\bar{A}) = 60\%$, $P(B \mid A) = 0.95$, $P(B \mid \bar{A}) = 0.85$。

由贝叶斯公式得 $P(A \mid B) = \dfrac{P(B \mid A)P(A)}{P(B \mid A)P(A) + P(B \mid \bar{A})P(\bar{A})} = 0.6115$,

于是 $P(\bar{A} \mid B) = 1 - P(A \mid B) = 0.3885 < P(A \mid B)$, 所以, 该企业决策者倾向于采用新的生产管理流程。

10. 解题过程 令 A_1、A_2、A_3 分别代表从甲、乙、丙企业采购产品, B 表示次品。由题意得:

$P(A_1) = 0.25$, $P(A_2) = 0.30$, $P(A_3) = 0.45$; $P(B \mid A_1) = 0.04$, $P(B \mid A_2) = 0.05$, $P(B \mid A_3) = 0.03$。

(1) 抽出次品的概率为

$$P(B) = P(A_1)P(B \mid A_1) + P(A_2)P(B \mid A_2) + P(A_3)P(B \mid A_3)$$
$$= 0.25 \times 0.04 + 0.30 \times 0.05 + 0.45 \times 0.03 = 0.0385$$

(2) 由贝叶斯公式可得:

$$P(A_3 \mid B) = \frac{P(A_3)P(B \mid A_3)}{P(B)} = \frac{0.45 \times 0.03}{0.0385} = 0.3506$$

11. 解题过程　设该人途中遇到红灯的次数为 X,则 X 服从参数为 (n,p) 的二项分布。

由题意知: $n = 3, p = 24/(24+36) = 0.4$。

$$P(X = x) = C_n^x p^x (1-p)^{n-x} = C_3^x 0.4^x 0.6^{3-x}, x = 0,1,2,3,$$

所以 $P(X = 0) = 0.6^3 = 0.216, P(X = 1) = C_3^1 0.4 \times 0.6^2 = 0.432,$

$P(X = 2) = C_3^2 0.4^2 \times 0.6 = 0.288, P(X = 3) = 0.4^3 = 0.064$。

于是,该人途中遇到红灯的概率分布为

X	0	1	2	3
p	0.216	0.432	0.288	0.064

所以 $E(X) = np = 3 \times 0.4 = 1.2$(次),

$D(X) = np(1-p) = 3 \times 0.4 \times (1-0.4) = 0.72,$

$\sigma = \sqrt{D(X)} = \sqrt{0.72} = 0.8485$。

12. 解题过程　设被保险人死亡数为 X,则 $X \sim B(20\,000, 0.0005)$

(1) $P(20\,000 \times 50 - 50\,000 X \geq 500\,000) = P(X \leq 10) = 0.5830$

(2) $P(20\,000 \times 50 - 50\,000 X < 0) = P(X > 20) = 1 - P(X \leq 20) = 0.0016$

(3) $E(50\,000 X) = 50\,000 EX = 50\,000 np = 500\,000$(元)

$\sigma = \sqrt{D(50\,000 X)} = 50\,000\sqrt{DX} = 158\,074$(元)

13. 解题过程　(1) 由于 $n = 20\,000$ 较大,$p = 0.0005$ 较小,且 $np = 10$ 适中,所以可利用泊松分布进行计算。其中,泊松参数 $\lambda = np = 20\,000 \times 0.0005 = 10$,即 $X \sim P(10)$。

(2) 由于 $n = 20\,000$ 较大,$np = 10 > 5$,所以可用正态分布近似计算。

且 $E(X) = np = 20\,000 \times 0.0005 = 10$,

$D(X) = np(1-p) = 20\,000 \times 0.0005 \times (1-0.0005) = 9.995$,即 $X \sim N(10, 9.995)$。

(3) 由于 $p = 0.0005$,假如 $n = 5\,000$,则 $np = 2.5 < 5$,二项分布呈明显的偏态,用正态分布来计算就会出现非常大的误差,此时宜用泊松分

布去近似。

14. **解题过程** 设一条食品生产线每8小时一班中出现故障的次数为 X，则 $X \sim P(\lambda)$，即：

$$P(X=x) = \frac{\lambda^x e^{-\lambda}}{x!}, x=1,2,\cdots$$

(1) $P(X=2) = \dfrac{1.5^2 e^{-1.5}}{2!} = 0.251$

(2) $P(X<2) = P(X=0) + P(X=1) = 2.5 e^{-1.5} = 0.5578$

(3) $[P(X=0)]^3 = (e^{-1.5})^3 = e^{-4.5} = 0.0111$

15. **解题过程** (1) $P(X=3) = \dfrac{C_5^3 C_{12-5}^{7-3}}{C_{12}^7} = 0.4419$

(2) $P(X \leqslant 2) = P(X=0) + P(X=1) + P(X=2)$

$= \dfrac{C_5^0 C_{12-5}^{7-0}}{C_{12}^7} + \dfrac{C_5^1 C_{12-5}^{7-1}}{C_{12}^7} + \dfrac{C_5^2 C_{12-5}^{7-2}}{C_{12}^7} = 0.3106$

(3) $P(X>3) = 1 - P(X \leqslant 3) = 1 - (X=3) - P(X \leqslant 2)$

$= 1 - 0.4419 - 0.3106 = 0.2475$

16. **解题过程** 设某企业生产的某种电池寿命为 X，则 $X \sim N(200, 30)$。

(1) $P(X \geqslant 150) = 1 - P(X<150) = 1 - P(X \leqslant 150)$

$= 1 - \Phi\left(\dfrac{150-200}{30}\right)$

$= 1 - \Phi\left(-\dfrac{5}{3}\right) = \Phi\left(\dfrac{5}{3}\right) = 95.22\%$

(2) 设 $P(|X-200|<a) \geqslant 0.9$

即 $P\left(\left|\dfrac{X-200}{30}\right| \leqslant \dfrac{a}{30}\right) \geqslant 0.9, 2\Phi\left(\dfrac{a}{30}\right) - 1 \geqslant 0.9$

即 $\Phi\left(\dfrac{a}{30}\right) \geqslant 0.95$

所以 $a \geqslant 49.35$。

注：设对于服从一般正态分布的随机变量 $X, X \sim N(\mu, \sigma^2)$，取值在某一区间上的概率都可以通过标准正态分布求得：

$$P(a \leqslant X \leqslant b) = \Phi\left(\dfrac{b-\mu}{\sigma}\right) - \Phi\left(\dfrac{a-\mu}{\sigma}\right)$$

$$P(X \leqslant x) = \Phi\left(\dfrac{x-\mu}{\sigma}\right)$$

17. **解题过程** 设这段时期每人每个月的销售额为 X 元,该公司应该把"销售代表"的最低发放标准定为 x 元。由题意知,$X \sim N(40\ 000, 360\ 000)$,则由 $P(X \geqslant x) = 5\%$,即 $P(X < x) = 95\%$,即 $\Phi\left(\dfrac{x - 40\ 000}{\sqrt{360\ 000}}\right) = 95\%$。

查标准正态分布表可得:$\dfrac{x - 40\ 000}{\sqrt{360\ 000}} = 1.645$,解得 $x = 40\ 987$ 元。即公司应该把"销售代表"奖的最低发放标准定为 40 987 元。

18. **解题过程** (1) $E(\overline{x}) = 20, \sigma_{\overline{x}} = \dfrac{\sigma}{\sqrt{n}} = \dfrac{16}{\sqrt{64}} = 2$

(2) 依据大样本量($n \geqslant 30$),描述 $\overline{x}$(平均值)的抽样分布近似为正态分布。

$\overline{x}$ 抽样分布的形状依赖于样本量,当 $n < 30$ 时,由于总体分布不是正态分布,则样本均值的分布未必趋于正态分布。

(3) 当 $\overline{x} = 15.5, z = \dfrac{\overline{x} - \mu}{\sigma_{\overline{x}}} = \dfrac{15.5 - 20}{2} = -2.25$

(4) 当 $\overline{x} = 23, z = \dfrac{\overline{x} - \mu}{\sigma_{\overline{x}}} = \dfrac{23 - 20}{2} = 1.5$

19. **解题过程** (1) $P(\overline{x} < 16) = P\left(\dfrac{\overline{x} - 20}{2} < \dfrac{16 - 20}{2}\right) = \Phi(-2) = 1 - \Phi(2) = 0.022\ 8$

(2) $P(\overline{x} > 23) = P\left(\dfrac{\overline{x} - 20}{2} > \dfrac{23 - 20}{2}\right) = 1 - \Phi(1.5) = 0.066\ 8$

(3) $P(\overline{x} > 25) = P\left(\dfrac{\overline{x} - 20}{2} > \dfrac{25 - 20}{2}\right) = 1 - \Phi(2.5) = 0.006\ 2$

(4) $P(16 < \overline{x} < 22) = P\left(\dfrac{16 - 20}{2} < \dfrac{\overline{x} - 20}{2} < \dfrac{22 - 20}{2}\right)$

$= \Phi(1) - \Phi(-2)$

$= \Phi(1) + \Phi(2) - 1 = 0.818\ 6$

(5) $P(\overline{x} < 14) = P\left(\dfrac{\overline{x} - 20}{2} < \dfrac{14 - 20}{2}\right) = \Phi(-3) = 1 - \Phi(3) = 0.001\ 4$

20. **解题过程** 由题意知:

$E(\overline{x}) = \mu = 30, \sigma_{\overline{x}} = \sqrt{\dfrac{\sigma^2}{n}} = 1.6$,可得:

(1) $P(\overline{x} \geqslant 28) = P\left(\dfrac{\overline{x} - 30}{1.6} \geqslant \dfrac{28 - 30}{1.6}\right) = 1 - \Phi(-1.25) = \Phi(1.25)$

$$= 0.8944$$

(2) $P(22.1 \leqslant \overline{x} \leqslant 26.8) = P\left(\dfrac{22.1-30}{1.6} \leqslant \dfrac{\overline{x}-30}{1.6} \leqslant \dfrac{26.8-30}{1.6}\right)$

$$= \Phi(-2) - \Phi(-4.9375)$$

$$= \Phi(4.9375) - \Phi(2) = 0.0228$$

(3) $P(\overline{x} \leqslant 28.2) = P\left(\dfrac{\overline{x}-30}{1.6} \leqslant \dfrac{28.2-30}{1.6}\right) = \Phi(-1.125)$

$$= 1 - \Phi(1.125) = 0.1303$$

(4) $P(\overline{x} \geqslant 27) = P\left(\dfrac{\overline{x}-30}{1.6} \geqslant \dfrac{27-30}{1.6}\right) = 1 - \Phi(-1.875)$

$$= \Phi(1.875) = 0.9696$$

21. **解题过程** 由题意知：

$$E(\overline{x}) = \mu = 100, \sigma_{\overline{x}} = \sqrt{\dfrac{\sigma^2}{n}} = \dfrac{1}{3}$$

由于 $n = 900$ 很大，所以 $\overline{x}$ 近似服从 $N\left(100, \dfrac{1}{9}\right)$。

(1) 令 $P\left(\left|\dfrac{\overline{x}-\mu}{\sigma_{\overline{x}}}\right| \leqslant a\right) \approx 100\%$

则 $2\Phi(a) - 1 \approx 100\%$

即 $\Phi(a) \approx 100\%$

查正态分布表，知 $a = 4.9$

所以，$\overline{x}$ 的最小值：$\mu - a\sigma_{\overline{x}} = 100 - \dfrac{4.9}{3} = 98.37$

$\overline{x}$ 的最大值：$\mu + a\sigma_{\overline{x}} = 100 + \dfrac{4.9}{3} = 101.63$

(2) 由(1)中计算知，$\overline{x}$ 至多偏离 μ 的距离为 $3\sigma_{\overline{x}} = 3 \times \dfrac{1}{3} = 1$。

(3) 根据(2)题解答过程可知 $\overline{x}$ 偏离 μ 的距离只与 $\sigma_{\overline{x}}$ 有关，与 μ 无关，所以，为了解答(2)，不一定要知道 μ。

22. **解题过程** 当 n 值增加时，直方图将由偏态分布变为对称分布，即直方图将趋向正态分布。

23. **解题过程** (1) 由于 $n = 49 > 30$，所以 $\overline{x}$ 的抽样分布为正态分布，其均值与方差分别为

$$E\overline{x} = \mu = 213, \sigma_{\overline{x}}^2 = \dfrac{\sigma^2}{49} = \dfrac{225}{49} = 4.5918$$

不妨设总体的均值为 μ，方差为 σ^2，样本量为 $n(n \geqslant 30)$，下面证明 $\overline{x} : N\left(\mu, \dfrac{\sigma^2}{n}\right)$。

由于

$$E(\overline{x}) = E\left(\dfrac{1}{n}\sum x_i\right) = \dfrac{1}{n}\sum E(x_i) = \dfrac{1}{n} \times n\mu = \mu$$

$$D(\overline{x}) = D\left(\dfrac{1}{n}\sum x_i\right) = \dfrac{1}{n^2}\sum D(x_i) = \dfrac{1}{n^2} \times n\sigma^2 = \dfrac{\sigma^2}{n}$$

即 $\overline{x} : N\left(\mu, \dfrac{\sigma^2}{n}\right)$。

(2) $P(\overline{x} > 213) = 1 - P(\overline{x} \leqslant 213) = 1 - p\left(\dfrac{\overline{x} - 213}{\sqrt{\dfrac{225}{49}}} \leqslant 0\right)$

$= 1 - \Phi(0) = 0.5$

$P(\overline{x} > 217) = 1 - P(\overline{x} \leqslant 217) = 1 - P\left(\dfrac{\overline{x} - 213}{\sqrt{\dfrac{225}{49}}} \leqslant \dfrac{217 - 213}{\sqrt{\dfrac{225}{49}}}\right)$

$= 1 - \Phi\left(\dfrac{25}{18}\right)$

$= 1 - 0.9690 = 0.031$

$P(209 < \overline{x} < 217) = P\left(\dfrac{209 - 213}{\sqrt{\dfrac{225}{49}}} < \dfrac{\overline{x} - 213}{\sqrt{\dfrac{225}{49}}} \leqslant \dfrac{217 - 213}{\sqrt{\dfrac{225}{49}}}\right)$

$= \Phi\left(\dfrac{25}{18}\right) - \Phi\left(-\dfrac{25}{18}\right)$

$= 2\Phi\left(\dfrac{25}{18}\right) - 1 = 0.938$

24. **解题过程** (1) 由于 $n = 36 > 30$，为大样本，所以 $\overline{x}$ 的抽样分布为正态分布

$$\mu_{\overline{x}} = 406, \sigma_{\overline{x}} = \sqrt{\dfrac{\sigma^2}{n}} = \dfrac{10.1}{6} = 1.6833$$

概率分布为正态分布 $N\left(406, \left(\dfrac{10.1}{6}\right)^2\right)$ 的形状，对称轴为 $x = 406$。

(2) $P(\overline{x} \leqslant 400.8) = P\left(\dfrac{\overline{x} - 406}{\dfrac{10.1}{6}} \leqslant \dfrac{400.8 - 406}{\dfrac{10.1}{6}}\right) = \Phi(-3.089109)$

$= 1 - \Phi(3.089109) = 0.001$

(3) 由(2)知,$\bar{x} \leqslant 400.8$ 的概率等于 0.01 为小概率事件,而技术人员观察到了小概率事件的发生,因此意味着装袋过程出现问题了。

25. **解题过程** (1) 由于 $n=50>30$ 为大样本,所以由中心极限定理可得 $\bar{x}$ 服从正态分布:其均值和方差分别为

$$\mu_{\bar{x}} = 840, \sigma_{\bar{x}} = \sqrt{\frac{\sigma^2}{n}} = \frac{3}{\sqrt{2}} = 2.1213$$

(2) $P(\bar{x} \leqslant 830) = P\left(\dfrac{\bar{x}-840}{\dfrac{3}{\sqrt{2}}} \leqslant \dfrac{830-840}{\dfrac{3}{\sqrt{2}}}\right) = 1-\Phi\left(\dfrac{10\sqrt{2}}{3}\right) \approx 0$

(3) 假设夹克级别均值仍为 $840N$,由于 $P(\bar{x} \leqslant 830)$ 非常小(接近 0),即 "$\bar{x} \leqslant 830$" 是一个小概率事件,而所取样本的均值为 830,所以有充足理由认为"夹克级别均值不是 840"。

(4) $\bar{x}$(平均值)的抽样分布仍是正态分布,其均值为 840,标准差为 $\dfrac{45}{\sqrt{50}} = 4.5\sqrt{2}$。

$$P(\bar{x} \leqslant 830) = P\left(\dfrac{\bar{x}-840}{\dfrac{45}{\sqrt{50}}} \leqslant \dfrac{830-840}{\dfrac{45}{\sqrt{50}}}\right)$$
$$= P(z \leqslant -1.5713) = 0.0581$$

26. **解题过程** (1) $n=4$ 时,$\sigma_{\bar{x}} = \dfrac{\sigma}{\sqrt{n}} = 0.5\%$,$3\sigma_{\bar{x}} = 1.5\%$,所以上下控制极限与 μ 的距离应为 1.5%。

(2) $\bar{x}$ 落在控制极限之外的概率为:

$$P(|\bar{x}-\mu|>3\sigma_{\bar{x}}) = P\left(\dfrac{|\bar{x}-\mu|}{\sigma_{\bar{x}}}>3\right) = P(|z|>3)$$
$$= 2-2\Phi(3) = 2-2\times 0.9987 = 0.0026$$

(3) 当过程均值移动到 $\mu=3\%$ 时,$\bar{x}$ 的抽样分布为 $N(3\%,(0.5\%)^2)$,所求概率为

$$P(|\bar{x}-2\%|>3\sigma_{\bar{x}}) = 1-P(-3\sigma_{\bar{x}} \leqslant \bar{x}-2\% \leqslant 3\sigma_{\bar{x}})$$
$$= 1-P\left(\dfrac{-1\%-3\sigma_{\bar{x}}}{\sigma_{\bar{x}}} \leqslant \dfrac{\bar{x}-3\%}{\sigma_{\bar{x}}} \leqslant \dfrac{-1\%+3\sigma_{\bar{x}}}{\sigma_{\bar{x}}}\right)$$
$$= 1-[\Phi(1)-\Phi(-5)] = 2-[\Phi(1)+\Phi(5)]$$
$$= 2-(0.8413+1) = 0.1587$$

27. **解题过程** (1) $P(|\bar{x} - \mu| > a\sigma_{\bar{x}}) = 0.1$

即 $P(|\bar{x} - \mu| \leq a\sigma_{\bar{x}}) = 0.9$

即 $P\left(\left|\dfrac{\bar{x} - \mu}{\sigma_{\bar{x}}}\right| \leq a\right) = 2\Phi(a) - 1 = 0.9$

即 $\Phi(a) = 0.95$

查正态分布表可得:

$a = 1.645$,控制极限应为: $\mu \pm a\sigma_{\bar{x}} = 2\% \pm 0.822\,5\%$,即 $(1.177\,5\%, 2.822\,5\%)$。

(2) 当 $\mu = 3\%$,$\bar{x}$ 的分布为 $N\left(3\%, \dfrac{(1\%)^2}{n}\right)$,所求概率为

$P(|\bar{x} - 2\%| > 0.822\,5\%)$

$= 1 - P(1.177\,5\% \leq \bar{x} \leq 2.822\,5\%)$

$= 1 - P\left[\dfrac{1.177\,5\% - 3\%}{\frac{1\%}{\sqrt{n}}} \leq \dfrac{\bar{x} - 3\%}{\frac{1\%}{\sqrt{n}}} \leq \dfrac{2.822\,5\% - 3\%}{\frac{1\%}{\sqrt{n}}}\right]$

$= 1 - [\Phi(-0.177\,5\sqrt{n}) - \Phi(-1.822\,5\sqrt{n})]$

$= 1 + \Phi(0.177\,5\sqrt{n}) - \Phi(1.822\,5\sqrt{n})$

当 $n = 4$ 时,$\bar{x}$ 落在控制极限外面的概率为

$1 + \Phi(0.355) - \Phi(3.645) = 0.638\,8$

当 $n = 9$ 时,$\bar{x}$ 落在控制极限外面的概率为

$1 + \Phi(0.532\,5) - \Phi(5.467\,5) = 0.702\,8$

案例分析全解

解:(1) $Er_1 = \mu = 10\%$,$Dr_1 = \sigma^2 = (4\%)^2 = 0.16\%$

(2) 因为 $Er_1 = \mu$,所以 r_1 是 μ 的一个无偏估计。

(3) 因为 $E\bar{r} = E\left(\dfrac{\sum_{i=1}^{5} r_i}{5}\right) = \dfrac{\sum_{i=1}^{5} Er_i}{5} = \dfrac{5\mu}{5} = \mu$,

所以 $\bar{r}$ 是 μ 的一个无偏估计量,因此,第二种选择下每月的预期收益率为 10%。

(4) $\sigma_r^2 = D\left(\dfrac{\sum_{i=1}^{5} r_i}{5}\right) = \dfrac{\sum_{i=1}^{5} Dr_i}{25} = \dfrac{5\sigma^2}{25} = \dfrac{\sigma^2}{5}$

所以，第二种选择下对应的风险为

$$\sigma_r^2 = \dfrac{(4\%)^2}{5} = 0.032\%$$

(5) 分散投资相对于"将所有的鸡蛋放在一个篮子里"来说，风险要小得多，前者风险是后者的 $\dfrac{1}{n}$ 倍，而两者的期望收益率相同。

第四章 参数估计

学习目标

★ 理解参数估计的基本原理;
★ 理解并掌握一个总体参数(总体均值、总体比率、总体方差)的区间估计方法;
★ 理解并掌握两个总体参数(均值差、比率差、方差比)的区间估计方法;
★ 理解并掌握估计总体均值、总体比率时样本量的确定方法。

基本知识点

表 4.1 基本知识点

章节	主要内容	学习要点
4.1 参数估计的基本原理	估计量与估计值	■ 参数估计、估计量、估计值的定义
	点估计与区间估计	■ 点估计、区间估计、置信水平、置信区间的含义 ■ 区间估计的基本原理 ■ 置信区间的理解
	评价估计量的标准	■ 无偏性、有效性、一致性
4.2 一个总体参数的区间估计	总体均值的区间估计	■ 大样本的估计方法 ■ 小样本的估计方法

章节	主要内容	学习要点
	总体比率的区间估计	■ 总体比率的置信区间
	总体方差的区间估计	■ 总体方差的置信区间
4.3 两个总体参数的区间估计	两个总体均值之差的区间估计	■ 独立样本的置信区间 ■ 匹配样本的置信区间
	两个总体比率之差的区间估计	■ 两个二项总体大样本的比率之差的置信区间
	两个总体方差比的区间估计	■ 两个总体方差比的置信区间
4.4 样本量的确定	估计总体均值时样本量的确定	■ 估计总体均值时样本量的计算方法
	估计总体比率时样本量的确定	■ 估计总体比率时样本量的计算方法

重难点解析

1. 点估计与区间估计

（1）点估计

点估计是用样本估计量 $\hat{\theta}$ 的值直接作为总体参数 θ 的估计值。比如用样本均值 $\bar{x}$ 直接作为总体均值 μ 的估计值，用样本比率 p 直接作为总体比率 π 的估计值等。

（2）区间估计

所谓区间估计，是在点估计的基础上，给出总体参数估计的一个范围，通常是由样本统计量加减抽样误差而得到。区间估计的好处在于根据样本统计量的抽样分布能够对样本统计量与总体参数的接近程度给出一个概率度量。

1）置信区间

由样本统计量所构造的总体参数的估计区间。其中区间的最小值称为置信下限，最大值称为置信上限。

2）置信水平

也称为置信系数，是指将构造置信区间的步骤重复很多次，置信区间包含总体参数真值的次数所占的比率。

2. 评级估计量的标准

(1) 无偏性

无偏性是指估计量抽样分布的数学期望等于被估计的总体参数。设总体参数为 θ，所选择的估计量为 $\hat{\theta}$，如果 $E(\hat{\theta}) = \theta$，称 $\hat{\theta}$ 为 θ 的无偏估计量。

(2) 有效性

假定有两个用于估计总体参数的无偏估计量，分别用 $\hat{\theta}_1$ 和 $\hat{\theta}_2$ 表示，它们的抽样分布的方差分别用 $D(\hat{\theta}_1)$ 和 $D(\hat{\theta}_2)$ 表示，如果 $\hat{\theta}_1$ 的方差小于 $\hat{\theta}_2$ 的方差，即 $D(\hat{\theta}_1) < D(\hat{\theta}_2)$，就称 $\hat{\theta}_1$ 是比 $\hat{\theta}_2$ 更有效的一个估计量。在无偏估计的条件下，估计量的方差越小，估计也就越有效。

(3) 一致性

一致性是指随着样本量的增大，点估计量的值越来越接近被估总体的参数。换言之，一个大样本给出的估计量要比一个小样本给出的估计量更接近总体的参数。

3. 点估计与区间估计的方法步骤

(1) 确定待估的参数（是均值、比率或是方差），总体的个数（一个还是两个）。

(2) 选用合适的点估计量。

(3) 分析总体及样本的特征：总体是正态分布、二项分布还是其他非正态分布，方差是否已知；样本是大样本（$n \geq 30$）还是小样本（$n < 30$）。

(4) 在上述分析的基础上选用合适的计算公式，如表 4.2 和表 4.3 所示。

表 4.2　一个总体参数的区间估计

参数	点估计量（值）	标准误差	$(1-\alpha)$ 的置信区间	假定条件
μ 总体均值	$\bar{x}$	$\dfrac{\sigma}{\sqrt{n}}$	$\bar{x} \pm z_{\alpha/2} \dfrac{\sigma}{\sqrt{n}}$	(1) σ 已知 (2) 大样本（$n \geq 30$）
			$\bar{x} \pm z_{\alpha/2} \dfrac{s}{\sqrt{n}}$	(1) σ 未知 (2) 大样本（$n \geq 30$）
			$\bar{x} \pm t_{\alpha/2} \dfrac{s}{\sqrt{n}}$	(1) 正态总体 (2) σ 未知 (3) 小样本（$n < 30$）
π 总体比率	p	$\sqrt{\dfrac{\pi(1-\pi)}{n}}$	$p \pm z_{\alpha/2} \sqrt{\dfrac{p(1-p)}{n}}$	(1) 二项总体 (2) 大样本（$n \geq 30$）
σ^2 总体方差	s^2	（不要求）	$\dfrac{(n-1)s^2}{x_{\alpha/2}^2} \leq \sigma^2 \leq \dfrac{(n-1)s^2}{x_{1-\alpha/2}^2}$	正态总体

表 4.3　两个总体参数的区间估计

参数	点估计量(值)	标准误差	$(1-\alpha)$ 的置信区间	假定条件
$\mu_1 - \mu_2$ 两个总体均值之差	$\bar{x}_1 - \bar{x}_2$	$\sqrt{\dfrac{\sigma_1^2}{n_1} + \dfrac{\sigma_2^2}{n_2}}$	$(\bar{x}_1 - \bar{x}_2) \pm z_{\alpha/2} \sqrt{\left(\dfrac{\sigma_1^2}{n_1} + \dfrac{\sigma_2^2}{n_2}\right)}$	(1) 独立大样本 $(n_1 \geqslant 30, n_2 \geqslant 30)$ (2) σ_1、σ_2 已知
			$(\bar{x}_1 - \bar{x}_2) \pm z_{\alpha/2} \sqrt{\dfrac{s_1^2}{n_1} + \dfrac{s_2^2}{n_2}}$	(1) 独立大样本 $(n_1 \geqslant 30, n_2 \geqslant 30)$ (2) σ_1、σ_2 未知
		$\sqrt{\dfrac{s_1^2}{n_1} + \dfrac{s_n^2}{n_2}}$	$(\bar{x}_1 - \bar{x}_2) \pm t_{\alpha/2}(n_1 + n_2 - 2)$ $\sqrt{s_1^2\left(\dfrac{1}{n_1} + \dfrac{1}{n_2}\right)}$	(1) 两个正态总体 (2) 独立小样本 $(n_1 < 30, n_2 < 30)$ (3) σ_1、σ_2 未知但相等
			$(\bar{x}_1 - \bar{x}_2) \pm t_{\alpha/2}(v) \sqrt{\dfrac{s_1^2}{n_1} + \dfrac{s_2^2}{n_2}}$	(1) 两个正态总体 (2) 独立小样本 $(n_1 < 30, n_2 < 30)$ (3) σ_1、σ_2 未知且不相等
$\mu_d = \mu_1 - \mu_2$ 两个总体均值之差	$\bar{d}$	$\dfrac{\sigma_d}{\sqrt{n}}$	$\bar{d} \pm z_{\alpha/2} \dfrac{\sigma_d}{\sqrt{n}}$	匹配大样本 $(n_1 \geqslant 30, n_2 \geqslant 30)$
			$\bar{d} \pm t_{\alpha/2}(n-1) \dfrac{s_d}{\sqrt{n}}$	匹配小样本 $(n_1 < 30, n_2 < 30)$
$\pi_1 - \pi_2$ 两个总体比率之差	$p_1 - p_2$	$\sqrt{\dfrac{\pi_1(1-\pi_1)}{n_1} + \dfrac{\pi_2(1-\pi_2)}{n_2}}$	$(p_1 - p_2) \pm z_{\alpha/2}$ $\sqrt{\dfrac{p_1(1-p_1)}{n_1} + \dfrac{p_2(1-p_2)}{n_2}}$	(1) 两个二项总体 (2) 大样本 $(n_1 \geqslant 30, n_1 \geqslant 30)$
σ_1^2/σ_2^2 两个总体方差比	$\dfrac{s_1^2}{s_2^2}$	(不要求)	$\dfrac{s_1^2/s_2^2}{F_{\alpha/2}} \leqslant \dfrac{\sigma_1^2}{\sigma_2^2} \leqslant \dfrac{s_1^2/s_2^2}{F_{1-\alpha/2}}$	两个正态总体

4. 样本量的确定

（1）估计总体均值时样本量的确定

在重复抽样或无限总体抽样条件下,若估计总体均值选用的允许误差的公式为

$$E = z_{\frac{\alpha}{2}} \frac{\sigma}{\sqrt{n}}$$

则确定样本量的公式为

$$n = \frac{(z_{\frac{\alpha}{2}})^2 \sigma^2}{E^2}$$

(2) 估计总体比率时样本量的确定

在重复抽样或无限总体抽样条件下,若估计总体比率选用的允许误差的公式为

$$E = z_{\frac{\alpha}{2}} \sqrt{\frac{\pi(1-\pi)}{n}}$$

则确定样本量的公式为

$$n = \frac{(z_{\frac{\alpha}{2}})^2 \pi(1-\pi)}{E^2}$$

典型例题解析

例(教材中例 4.7):为估计两种方法组装产品所需时间的差异,分别对两种不同的组装方法各随机安排 12 个工人,每个工人组装一件产品所需的时间(分钟)如表 4.4 所示。

表 4.4　两个方法组装产品所需的时间　　单位:分钟

方法 1	方法 2
28.3	27.6
30.1	22.2
29.0	31.0
37.6	33.8
32.1	20.0
28.8	30.2
36.0	31.7
37.2	26.5
38.5	32.0
34.4	31.2
28.0	33.4
30.0	26.5

假定两种方法组装产品的时间服从正态分布,且方差相等。试以95%的置信水平建立两种方法组装产品所需平均时间差值的置信区间。

解:根据样本数据计算得两个样本的均值和方差分别为:

方法 1:$\overline{x}_1 = 32.5, s_1^2 = 15.996$

方法 2:$\overline{x}_2 = 28.8, s_2^2 = 19.358$

总体方差的合并估计量为

$$s_p^2 = \frac{(n_1-1)s_1^2 + (n_2-1)s_2^2}{n_1+n_2-2} = \frac{(12-1)\times 15.996 + (12-1)\times 19.358}{12+12-2} = 17.677$$

根据 $\alpha = 0.05$ 和自由度$(12+12-2)=22$,查 t 分布表得 $t_{\frac{0.05}{2}}(22) = 2.074$。两个总体均值之差$(\mu_1 - \mu_2)$在 95% 置信水平下的置信区间为

$$(\overline{x}_1 - \overline{x}_2) \pm t_{\frac{\alpha}{2}}(n_1+n_2-2)\sqrt{s_p^2\left(\frac{1}{n_1}+\frac{1}{n_2}\right)}$$

$$= (32.5 - 28.8) \pm 2.074 \times \sqrt{17.677 \times \left(\frac{1}{12}+\frac{1}{12}\right)}$$

$$= 3.7 \pm 3.56$$

即$(0.14, 7.26)$,两种方法组装产品所需平均时间之差 95% 的置信区间为 $0.14 \sim 7.26$ 分钟。

注:此题为两个总体的方差 σ_1^2 和 σ_2^2 未知但相等,此时需要用两个样本的方差 s_1^2 和 s_2^2 来估计:

(1) 计算总体方差的合并统计量 s_p^2,计算公式为

$$s_p^2 = \frac{(n_1-1)s_1^2 + (n_2-1)s_2^2}{n_1+n_2-2}$$

(2) 两个样本均值之差经标准化后服从自由度为(n_1+n_2-2)的 t 分布,即

$$t = \frac{(\overline{x}_1 - \overline{x}_2) - (\mu_1 - \mu_2)}{s_p\sqrt{\frac{1}{n_1}+\frac{1}{n_2}}} \sim t(n_1+n_2-2)$$

(3) 计算两个总体均值之差$(\mu_1 - \mu_2)$在$(1-\alpha)$置信水平的置信区间:

$$(\overline{x}_1 - \overline{x}_2) \pm t_{\frac{\alpha}{2}}(n_1+n_2-2)\sqrt{s_p^2\left(\frac{1}{n_1}+\frac{1}{n_2}\right)}$$

思考题全解

1. 解:评价估计量好坏的标准有无偏性、有效性、一致性。

（1）无偏性

无偏性是指估计量抽样分布的数学期望等于被估计的总体参数。设总体参数为 θ，所选择的估计量为 $\hat{\theta}$，如果 $E(\hat{\theta}) = \theta$，称 $\hat{\theta}$ 为 θ 的无偏估计量。

（2）有效性

假定有两个用于估计总体参数的无偏估计量，分别用 $\hat{\theta}_1$ 和 $\hat{\theta}_2$ 表示，它们的抽样分布的方差分别用 $D(\hat{\theta}_1)$ 和 $D(\hat{\theta}_2)$ 表示，如果 $\hat{\theta}_1$ 的方差小于 $\hat{\theta}_2$ 的方差，即 $D(\hat{\theta}_1) < D(\hat{\theta}_2)$，就称 $\hat{\theta}_1$ 是比 $\hat{\theta}_2$ 更有效的一个估计量。在无偏估计的条件下，估计量的方差越小，估计也就越有效。

（3）一致性

一致性是指随着样本量的增大，点估计量的值越来越接近被估总体的参数。换言之，一个大样本给出的估计量要比一个小样本给出的估计量更接近总体的参数。

2. 解：$z_{\frac{\alpha}{2}}\frac{\sigma}{\sqrt{n}}$ 称为允许误差，是总体方差未知、大样本（或正态总体小样本）的情形下总体均值区间估计 $\bar{x} \pm z_{\frac{\alpha}{2}}\frac{\sigma}{\sqrt{n}}$ 的误差范围，是在一定的置信水平下，样本统计量 $\bar{x}$ 与总体参数 μ 的抽样误差的最大可能范围，表明估计准确程度，其值越大，估计的准确性越低。

3. 解：区间估计是在点估计的基础上给出的一个区间范围即置信区间，形式上通常是：样本统计量±抽样误差。由于样本统计量与样本有关，是随机变量，所以置信区间也是随机的，所以这个区间范围可能包含总体参数的真值，也可能不包含。而用一个具体的样本所构造的区间是一个特定的区间，我们无法知道这个样本所产生的区间是否包含总体参数的真值。

在区间估计时，我们希望置信水平 $1-\alpha$ 越大越好，大的置信水平对应宽的置信区间，但区间范围过宽是没有意义的；同时希望置信区间越窄越好，因为窄的置信区间对应高的估计精确度。为解决两者之间的矛盾，在区间估计的理论中，置信区间是在取得样本后，给定置信水平（期望的可信程度）的条件下，求出总体参数的区间范围，这个置信区间有 $1-\alpha$ 的概率包含总体参数的真值。

4. 解：置信水平也称为置信系数，是指将构造置信区间的步骤重复很多次，置信区间包含总体参数真值的次数所占的比率。

5. 解：由样本统计量所构造的总体参数的估计区间，称为置信区间。

如果用某种方法构造的所有区间中有95%的区间包含总体参数的真值，5%的区间不包含总体参数的真值,那么,用该方法构造的区间称为置信水平为 95% 的置信区间。

或者也可以这样理解:

假设抽取 100 个样本,每个样本构造一个置信区间。在这 100 个样本构造的总体参数的 100 个置信区间中,有 95% 的区间包含了总体参数的真值,5% 则没有包含。

6. 解:(1) 样本量与置信水平成正比,在其他条件不变的情况下,置信水平越大,所需的样本量也就越大;

(2) 样本量与总体方差成正比,总体的差异越大,所要求的样本量也越大;

(3) 样本量与允许误差成反比,可以接受的允许误差越大,所需的样本量就越小。

练习题全解

1. **解题过程** (1) 由题意知:$\sigma=5, n=40, \bar{x}=25$

所以样本均值的抽样标准差为

$$\sigma_{\bar{x}}=\sqrt{\frac{\sigma^2}{n}}=\sqrt{\frac{5^2}{40}}=\frac{5}{\sqrt{40}}=0.79$$

(2) 95% 置信水平下,允许误差为

$$z_{\frac{\alpha}{2}}\frac{\sigma}{\sqrt{n}}=1.96\times\frac{5}{\sqrt{40}}=1.55$$

2. **解题过程** (1) 由题意知,$n=49, \sigma=15$

所以样本均值的抽样标准差为

$$\sigma_{\bar{x}}=\frac{\sigma}{\sqrt{n}}=\frac{15}{\sqrt{49}}=2.14$$

(2) 95% 置信水平下,允许误差为

$$E=z_{\frac{\alpha}{2}}\frac{\sigma}{\sqrt{n}}=1.96\times\frac{15}{7}=4.2$$

(3) 由于总体标准差已知,所以总体均值 μ 的 95% 的置信区间为

$$\bar{x}\pm z_{\frac{\alpha}{2}}\frac{\sigma}{\sqrt{n}}=120\pm 1.96\times\frac{15}{7}=120\pm 4.2$$

即置信区间为 (115.8, 124.2)。

3. **解题过程** 由于 $n=36, N=7500$(很大),所以对于不重复抽样,其样本均值的抽样平均误差近似为

$$\sigma_{\bar{x}} = \frac{s}{\sqrt{n}}, \bar{x} = \frac{\sum_{i=1}^{n} x_i}{n} = 3.32, s^2 = \frac{\sum_{i=1}^{n}(x_i - \bar{x})^2}{n-1} = 2.59$$

由于 $n = 36 > 30$ 属于大样本,所以对于置信水平 $1-\alpha$,大学生平均上网时间的置信区间可表示为 $\bar{x} \pm z_{\frac{\alpha}{2}} \frac{s}{\sqrt{n}}$。

当 $1-\alpha = 90\%$ 时,$\alpha = 0.1$,相应的 $z_{\frac{0.1}{2}} = 1.645$,

置信区间为 $3.32 \pm 1.645 \times \frac{\sqrt{2.59}}{6} = 3.32 \pm 0.44$,即 $(2.88, 3.76)$;

当 $1-\alpha = 95\%$ 时,$\alpha = 0.05$,相应的 $z_{\frac{0.05}{2}} = 1.96$,

置信区间为 $3.32 \pm 1.96 \times \frac{\sqrt{2.59}}{6} = 3.32 \pm 0.53$,即 $(2.79, 3.85)$;

当 $1-\alpha = 99\%$ 时,$\alpha = 0.01$,相应的 $z_{\frac{0.01}{2}} = 2.58$. 置信区间为

$3.32 \pm 2.58 \times \frac{\sqrt{2.59}}{6} = 3.32 \pm 0.69$,即 $(2.63, 4.01)$。

4. **解题过程** 已知 $\alpha = 5\%, n-1 = 8-1 = 7$,查 t 分布表,得 $t_{\frac{\alpha}{2}}(7) = 2.3646$,根据样本数据计算得:

$$\bar{x} = \frac{\sum_{i=1}^{n} x_i}{n} = 10, s^2 = \frac{\sum_{i=1}^{n}(x_i - \bar{x})^2}{n-1} = 12$$

总体均值 95% 的置信区间为

$$\bar{x} \pm t_{\frac{\alpha}{2}}(n-1) \times \frac{s}{\sqrt{n}} = 10 \pm 2.3646 \times \frac{\sqrt{12}}{\sqrt{7}} = 10 \pm 3.10,即 (6.90, 13.10)。$$

5. **解题过程** 根据 $\alpha = 5\%, n-1 = 16-1 = 15$,查 t 分布表,得 $t_{\frac{\alpha}{2}}(15) = 2.1315$,由样本数据计算得:

$$\bar{x} = \frac{\sum_{i=1}^{n} x_i}{n} = 9.375, s^2 = \frac{\sum_{i=1}^{n}(x_i - \bar{x})^2}{n-1} = 16.91667$$

职工上班从家里到单位平均距离 95% 的置信区间为

$$\bar{x} \pm t_{\frac{\alpha}{2}}(15) \times \frac{s}{\sqrt{n}} = 9.375 \pm 2.1315 \times \frac{\sqrt{16.91667}}{\sqrt{16}} = 9.375 \pm 2.192,$$

即 $(7.183, 11.567)$。

6. 解题过程 由题意得：$n = 200, p = 0.23$

由于 $np = 200 \times 23\% = 46, n(1-p) = 200 \times 77\% = 154$，所以该样本属于大样本，可用正态分布求总体比率的置信区间：

$$p \pm z_{\frac{\alpha}{2}} \sqrt{\frac{p(1-p)}{n}}$$

对于置信水平 90%，置信区间为 $23\% \pm 1.645 \times \sqrt{\frac{23\% \times 77\%}{200}} = 23\% \pm 4.90\%$，即 $(18.10\%, 27.90\%)$。

对于置信水平 90%，置信区间为 $23\% \pm 1.96 \sqrt{\frac{23\% \times 77\%}{200}} = 23\% \pm 5.83\%$，即 $(17.17\%, 28.83\%)$。

7. 解题过程 （1）由题意得：$p = \frac{32}{50} = 64\%$

$np = 50 \times 64\% = 32, n(1-p) = 18$，此样本属于大样本，可用正态分布求户数比率的置信区间：$p \pm z_{\frac{\alpha}{2}} \sqrt{\frac{p(1-p)}{n}}$

对于置信水平 $95\%, \alpha = 5\%$，查正态分布表知 $z_{\frac{\alpha}{2}} = 1.96$。

所以总体中赞成该改革的户数比率的置信区间为

$$p \pm z_{\frac{\alpha}{2}} \sqrt{\frac{p(1-p)}{n}} = 64\% \pm 1.96 \times \sqrt{\frac{64\% \times 36\%}{50}} = 64\% \pm 13.30\%$$

即 $(50.70\%, 77.30\%)$。

（2）由题意知，$p = 80\%, E = 10\%$，应抽取的样本量

$$n = \frac{(z_{\frac{\alpha}{2}})^2 \times p(1-p)}{E^2} = \frac{1.96^2 \times 80\% \times 20\%}{(10\%)^2} \approx 61.47$$

故应至少抽取 62 户进行调查。

8. 解题过程 此题属于小样本、方差未知的两个正态总体均值之差的区间估计问题。假设两总体的方差相等。

$\overline{x}_1 - \overline{x}_2 = 53.2 - 43.4 = 9.8, s_p^2 = \frac{(n_1-1)s_1^2 + (n_2-1)s_2^2}{n_1+n_2-2} = 98.442$

（1）$1-\alpha = 90\%$，查 t 分布表得 $t_{0.05}(19) = 1.729, \mu_1 - \mu_2$ 的 90% 置信区间为

$$(\overline{x}_1 - \overline{x}_2) \pm t_{\frac{\alpha}{2}}(n_1 + n_2 - 2) \sqrt{s_p^2 \left(\frac{1}{n_1} + \frac{1}{n_2}\right)}$$

$$= 9.8 \pm 1.729 \times \sqrt{98.442\left(\frac{1}{14} + \frac{1}{7}\right)}$$

$$= 9.8 \pm 7.941$$

即$(1.859, 17.741)$。

(2) $1-\alpha = 95\%$，查 t 分布表得 $t_{0.025}(19) = 2.093$，$\mu_1 - \mu_2 = 95\%$ 的置信区间为

$$9.8 \pm 2.093 \times \sqrt{98.442\left(\frac{1}{14} + \frac{1}{7}\right)} = 9.8 \pm 9.613, 即(0.187, 19.413)。$$

9. 解题过程 (1) 由于两个样本均为独立大样本，方差未知，$\alpha = 0.05$，$z_{\frac{0.05}{2}} = 1.96$，可用正态分布来构造$(\mu_1 - \mu_2)$的置信区间，即

$$(\overline{x}_1 - \overline{x}_2) \pm z_{\frac{\alpha}{2}} \sqrt{\frac{s_1^2}{n_1} + \frac{s_2^2}{n_2}}$$

即$(25-23) \pm 1.96 \times \sqrt{\frac{16}{100} + \frac{20}{100}} = 2 \pm 1.176$

所以$(\mu_1 - \mu_2) 95\%$ 的置信区间为$(0.824, 3.176)$。

(2) 由于两个样本均为来自正态总体的独立小样本，当方差未知但相等时可用 t 分布构造$(\mu_1 - \mu_2)$置信区间，所以，其置信区间可表示为

$$(\overline{x}_1 - \overline{x}_2) \pm t_{\frac{\alpha}{2}}(n_1 + n_2 - 2) \times \sqrt{s_p^2\left(\frac{1}{n_1} + \frac{1}{n_2}\right)}$$

$\alpha = 5\%$，查 t 分布表 $t_{\frac{0.05}{2}}(18) = 2.101$。

总体方差的合并统计量为

$$s_p^2 = \frac{(n_1-1) \times s_1^2 + (n_2-1) \times s_2^2}{n_1 + n_2 - 2} = \frac{9 \times (16+20)}{18} = 18$$

所以，$(\mu_1 - \mu_2) 95\%$ 置信区间为

$$(25-23) \pm 2.101 \times \sqrt{18 \times \left(\frac{1}{10} + \frac{1}{10}\right)} = 2 \pm 3.986$$

即$(-1.986, 5.986)$。

(3) $n_1 = n_2 = 10$，$\sigma_1^2 \neq \sigma_2^2$，属于小样本且方差不等的情况可用 t 分布构造置信区间。

$$t \text{ 分布的自由度 } v = \frac{\left(\frac{16}{10} + \frac{20}{10}\right)^2}{\frac{\left(\frac{16}{10}\right)^2}{10-1} + \frac{\left(\frac{20}{10}\right)^2}{10-1}} = 17.78$$

为了得到更保守的区间估计,将非整的自由度取整为 17,又 $\alpha = 5\%$,查 t 分布表 $t_{\frac{0.05}{2}}(17) = 2.109\,8$。两个总体方差 $(\mu_1 - \mu_2)$ 的 95% 置信区间为

$$(\overline{x}_1 - \overline{x}_2) \pm t_{\frac{\alpha}{2}}(17)\sqrt{\frac{s_1^2}{n_1} + \frac{s_2^2}{n_2}} = (25 - 23) \pm 2.109\,8 \times \sqrt{\frac{16}{10} + \frac{20}{10}}$$
$$= 2 \pm 4.003$$

即 $(-2.003, 6.003)$。

(4) 由于两个样本均来自正态总体的独立小样本,方差未知但相等,$n_1 = 10, n_2 = 20$,需要用两个样本的方差 s_1^2 和 s_2^2 来估计。总体方差的合并估计量

$$s_p = \frac{(n_1 - 1)s_1^2 + (n_2 - 1)s_2^2}{n_1 + n_2 - 2} = 18.714$$

$\alpha = 5\%$,查 t 分布表 $t_{\frac{0.05}{2}}(28) = 2.048\,4$。两个总体方差 $(\mu_1 - \mu_2)$ 的 95% 置信区间为

$$(\overline{x}_1 - \overline{x}_2) \pm t_{\frac{\alpha}{2}}(n_1 + n_2 - 2)\sqrt{s_p^2\left(\frac{1}{n_1} + \frac{1}{n_2}\right)}$$
$$= (25 - 23) \pm 2.048\,4 \times \sqrt{18.714 \times \left(\frac{1}{10} + \frac{1}{20}\right)}$$
$$= 2 \pm 3.432, \text{即}(-1.432, 5.432)。$$

(5) 由于两个样本均为来自正态总体的独立小样本,方差未知且不相等,$n_1 = 10, n_2 = 20$,两个样本均值之差经过标准化后近似服从自由度为 v 的 t 分布:

$$v = \frac{\left(\frac{16}{10} + \frac{20}{20}\right)^2}{\frac{\left(\frac{16}{10}\right)^2}{10 - 1} + \frac{\left(\frac{20}{20}\right)^2}{10 - 1}} = 20.05 \approx 20$$

$\alpha = 5\%$,查 t 分布表 $t_{\frac{0.05}{2}}(20) = 2.086$。两个总体方差 $(\mu_1 - \mu_2)$ 的 95% 置信区间为

$$(\overline{x}_1 - \overline{x}_2) \pm t_{\frac{\alpha}{2}}(20)\sqrt{\frac{s_1^2}{n_1} + \frac{s_2^2}{n_2}}$$
$$= (25 - 23) \pm 2.086 \times \sqrt{\frac{16}{10} + \frac{20}{20}}$$
$$= 2 \pm 3.364$$

即 $(-1.364, 5.364)$。

10. **解题过程** (1) A 与 B 各对观测值之差 $d_i = x_{1i} - x_{2i}$,

其值分别为:

$$2-0=2, 5-7=-2, 10-6=4, 8-5=3$$

$$\bar{d} = \frac{\sum d_i}{n} = 1.75, S_d = \sqrt{\frac{\sum(d_i - \bar{d})^2}{n-1}} = 2.63$$

(2) 对于 $\alpha = 5\%, n-1 = 4-1 = 3, t_{\frac{0.05}{2}}(3) = 3.1824, \mu_d$ 的 95% 置信区间为 $\bar{d} \pm t_{\frac{\alpha}{2}}(n-1) \frac{S_d}{\sqrt{n}} = 1.75 \pm 4.18,$ 即 $(-2.43, 5.93)$。

11. **解题过程** 由题意知: $n_1 = n_2 = 250, p_1 = 40\%, p_2 = 30\%$

由于 $n_1 p_1 = 100, n_1(1-p_1) = 150, n_2 p_2 = 75, n_2(1-p_2) = 175$, 均大于 5, 所以两样本均可能为大样本。因此, $\pi_1 - \pi_2$ 的置信水平为 $1-\alpha$ 的置信区间为

$$(p_1 - p_2) \pm z_{\frac{\alpha}{2}} \sqrt{\frac{p_1(1-p_1)}{n_1} + \frac{p_2(1-p_2)}{n_2}}$$

(1) $1 - \alpha = 90\%$ 时, $z_{\frac{\alpha}{2}} = 1.645, \pi_1 - \pi_2$ 的置信区间为

$$(40\% - 30\%) \pm 1.645 \times \sqrt{\frac{40\% \times 60\%}{250} + \frac{30\% \times 70\%}{250}} = 10\% \pm 6.98\%$$

即 $(3.02\%, 16.98\%)$。

(2) $1 - \alpha = 95\%$ 时, $z_{\frac{\alpha}{2}} = 1.96, \pi_1 - \pi_2$ 的置信区间为

$$(40\% - 30\%) \pm 1.96 \times \sqrt{\frac{40\% \times 60\%}{250} + \frac{30\% \times 70\%}{250}} = 10\% \pm 8.32\%$$

即 $(1.68\%, 18.32\%)$。

12. **解题过程** 对于 $1 - \alpha = 95\%$ 时, $\alpha = 5\%, n_1 - 1 = n_2 - 1 = 20$, 查 F 分布的分位数表 $F_{\frac{\alpha}{2}}(20, 20) = 2.4645, F_{1-\frac{\alpha}{2}}(20, 20) = 0.4058$, 根据样本数据计算得:

$$\bar{x}_1 = \frac{\sum x_{1i}}{n_1} = \frac{69.92}{21} = 3.330, \quad S_1^2 = \frac{\sum(x_{1i} - \bar{x}_1)^2}{n_1 - 1} = 0.0584$$

$$\bar{x}_2 = \frac{\sum x_{2i}}{n_2} = \frac{68.76}{21} = 3.274, \quad S_2^2 = \frac{\sum(x_{2i} - \bar{x}_2)^2}{n_2 - 1} = 0.0058$$

$$\frac{\frac{S_1^2}{S_2^2}}{F_{\frac{\alpha}{2}}(20, 20)} = 4.052 \quad \frac{\frac{S_1^2}{S_2^2}}{F_{1-\frac{\alpha}{2}}(20, 20)} = 24.607$$

则 $\dfrac{\sigma_1^2}{\sigma_2^2}$ 的 95% 的置信区间为 $(4.052, 24.607)$。

13. **解题过程** 由题意知 $p = 2\%, E = 4\%$

    当 $\alpha = 0.05$ 时, $z_{\frac{0.05}{2}} = 1.96$

    应抽取的样本量为
    $$n = \frac{(z_{\frac{\alpha}{2}})^2 \times p(1-p)}{E^2} \approx 47.06$$

    故应至少抽取样本量为 48 的样本。

14. **解题过程** 已知 $\sigma = 120, E = 20$, 当 $\alpha = 0.05$ 时, $z_{\frac{0.05}{2}} = 1.96$, 应抽取的样本量
    $$n = \frac{(z_{\frac{\alpha}{2}})^2 \times \sigma^2}{E^2} = \frac{1.96^2 \times 120^2}{20^2} \approx 138.30$$

    故应至少抽取 139 个顾客作为样本。

15. **解题过程** 由题意知: $\sigma_1 = 12, \sigma_2 = 15$,

    当 $1-\alpha = 95\%$ 时, $\alpha = 0.05$ 时, 相应的 $z_{\frac{0.05}{2}} = 1.96$

    对于 $E = z_{\frac{\alpha}{2}}\sqrt{\dfrac{\sigma_1^2}{n_1} + \dfrac{\sigma_2^2}{n_2}} = z_{\frac{\alpha}{2}}\sqrt{\dfrac{\sigma_1^2 + \sigma_2^2}{n_1}}$

    所以估计两个总体样本均值之差 $(\mu_1 - \mu_2)$ 时所需的样本量为
    $$n_1 = \frac{(z_{\frac{\alpha}{2}})^2 (\sigma_1^2 + \sigma_2^2)}{E^2} = \frac{1.96^2 \times (12^2 + 15^2)}{5^2} \approx 56.70$$

    故应至少抽取样本量为 57 的样本。

16. **解题过程** 由于 $E = z_{\frac{\alpha}{2}}\sqrt{\dfrac{p_1(1-p_1)}{n_1} + \dfrac{p_2(1-p_2)}{n_2}} = \sqrt{\dfrac{p_1(1-p_1) + p_2(1-p_2)}{n_1}}$

    所以 $n_1 = \left[\dfrac{z_{\frac{\alpha}{2}}}{E}\right]^2 [p_1(1-p_1) + p_2(1-p_2)]$

    由于 p_1、p_2 均未知, 但 $p_1(1-p_1)$ 和 $p_2(1-p_2)$ 的最大值均为 $\dfrac{1}{4}$ (当 $p_1 = \dfrac{1}{2}, p_2 = \dfrac{1}{2}$ 时)

    所以估计两个总体比率之差 $(\pi_1 - \pi_2)$ 时所需的样本量为
    $$n_1 = n_2 = \left(\frac{1.96}{0.05}\right)^2 \times \left(\frac{1}{4} + \frac{1}{4}\right) \approx 768.32$$

    故所需的样本量至少为 769。

案例分析全解

1. 经计算,灯泡工作时间的均值及标准差分别为

$$\bar{x} = 634.845, \quad s = 144.1564$$

查表得,$t_{\frac{\alpha}{2}}(19) = 2.0930$,于是有

$$\bar{x} \pm t_{\frac{\alpha}{2}} \frac{s}{\sqrt{n}} = 634.845 \pm 67.4665$$

所以,灯泡平均工作时间95%的置信区间为(567.3785,702.3115)小时。
这一置信区间的含义为:灯泡平均工作时间落在范围(567.3785,702.3115)内的概率为95%,或者说,有95%的把握程度认为总体参数落在上述范围内。

2. 大数定理

其定理的内容为:$P\{|\theta - \hat{\theta}| < \varepsilon\} = 1 - \alpha$

其中,θ为待估计的参数,$\hat{\theta}$为θ的估计,ε为任意正的实数。当θ为总体均值μ时,$\hat{\theta} = \bar{x}$,该定理保证了总体均值以较大概率落在其估计量即样本均值为中心的范围内,为置信区间的构造提供了理论基础。

3. 由题得:$n = 40, 1 - \alpha = 95\%$

又 $p = \dfrac{8}{40} = 20\%$

当$1 - \alpha = 95\%$时,$\alpha = 0.05$,相应的$z_{\frac{0.05}{2}} = 1.96$

根据公式计算得:

$$p \pm z_{\frac{\alpha}{2}} \sqrt{\frac{p(1-p)}{n}} = 20\% \pm 1.96 \times \sqrt{\frac{20\% \times 80\%}{40}} = 20\% \pm 12.3961\%$$

所以灯泡出现爆裂、炸开、爆炸的置信区间为(7.6039%,32.3961%)。

第五章

假设检验

学习目标

★ 理解假设检验的基本原理；
★ 理解并实际应用相关概念：原假设与备择假设定义及其设定、两类错误、显著性水平、检验统计量、拒绝域、P 值定义及决策准则；
★ 理解并掌握假设检验的步骤；
★ 理解并熟练掌握一个总体参数（总体均值、总体比率、总体方差）、两个总体参数（均值差、比率差、方差比）假设检验的方法；
★ 解释某个检验结果。

基本知识点

表 5.1　基本知识点

章节	主要内容	学习要点
5.1 假设检验的基本原理	假设的陈述	■ 假设检验、原假设、备择假设 ■ 左侧检验、右侧检验、双侧检验
	两类错误与显著性水平	■ 第 Ⅰ 类错误、第 Ⅱ 类错误、显著性水平 ■ 两类错误的控制和关系
	检验统计量与拒绝域	■ 检验统计量、标准化检验统计量、临界值、拒绝域 ■ 利用检验统计量进行决策

章节	主要内容	学习要点
	利用 P 值进行决策	■ P 值 ■ 利用 P 值进行决策的准则
5.2 一个总体参数的检验	总体均值的检验	■ 大样本的检验方法(在总体方差已知、未知的情形下) ■ 小样本的检验方法(在总体方差已知、未知的情形下)
	总体比率的检验	■ 总体比率的检验方法
	总体方差的检验	■ 总体方差的检验方法
5.3 两个总体参数的检验	两个总体均值之差的检验	■ 独立样本和匹配样本的区分 ■ 独立大样本的检验方法 ■ 独立小样本(总体方差已知、未知但相等情形)检验方法 ■ 匹配样本的检验方法
	两个总体比率之差的检验	■ 两个总体比率之差的检验方法
	两个总体方差比的检验	■ 两个总体方差比的检验方法

重难点解析

1. 假设检验

假设检验就是利用样本信息判断假设是否成立的过程,它是先对总体参数提出某种假设,然后利用样本信息判断假设是否成立的过程。

2. 原假设与备择假设

原假设:研究者想收集证据予以反对的假设,也称零假设,用 H_0 表示。

备择假设:研究者想收集证据予以支持的假设,也称研究假设,用 H_1 或 H_a 表示。

设定原假设与备择假设需要注意以下五点:

(1)原假设与备择假设是一个完备事件组,而且相互对立。这意味着,在一项假设检验中,原假设与备择假设必有一个成立,而且只有一个成立。

(2) 在建立假设时,通常是先确定备择假设,然后再确定原假设。

(3) 在假设检验中,等号"="总是放在原假设上。

(4) 在面对某一实际问题时,因研究目的不同,研究者可能对同一问题提出截然相反的假设。无论怎样确定假设的形式,只要它们符合研究者的最终目的,便是合理的。

(5) 假设检验结论的正确表述是"拒绝原假设,接受备择假设"或"不拒绝原假设",而不说"接受原假设"。

3. 假设检验的基本形式

双侧检验:又称双尾检验,指备择假设没有特定的方向性,并含有符号"≠"的假设检验。

单侧检验:又称单尾检验,指备择假设具有特定的方向性,并含有符号">"或"<"的假设检验。根据研究者感兴趣的方向不同,又可分为左侧检验和右侧检验。

左侧检验:备择假设的方向为"<"的假设检验。

右侧检验:备择假设的方向为">"的假设检验。

设 μ 为总体参数,μ_0 为假设的参数具体数值,可将假设检验的基本形式总结为如表 5.2 所示。

表 5.2 假设检验的基本形式

假设	双侧检验	单侧检验	
		左侧检验	右侧检验
原假设	$H_0: \mu = \mu_0$	$H_0: \mu \geq \mu_0$	$H_0: \mu \leq \mu_0$
备择假设	$H_1: \mu \neq \mu_0$	$H_1: \mu < \mu_0$	$H_1: \mu > \mu_0$

4. 两类错误与显著性水平

假设检验的目的是根据样本信息做出决策。显然,研究者总是希望能做出正确的决策,也就是当原假设 H_0 正确时没有拒绝它,当原假设 H_0 不正确时拒绝它。但由于决策是建立在样本信息的基础之上,而样本又是随机的,所以假设检验过程中就有可能犯错误。所犯错误主要有以下两类(如表 5.3 所示):

第 Ⅰ 类错误:当原假设为真时拒绝原假设,又称弃真错误,犯这类错误的概率通常记为 α。

第 Ⅱ 类错误:当原假设为假时没有拒绝原假设,又称取伪错误。犯这类错误的概率通常记为 β。

表 5.3 假设检验过程中的两种错误及其发生的概率

决策	真实情况	
	H_0 为真	H_0 为假
未拒绝 H_0	正确决策 $1-\alpha$	第 Ⅱ 类错误 β
拒绝 H_0	第 Ⅰ 类错误	正确决策 $1-\beta$

得到这两类错误发生的概率之间存在这样的关系:当 α 增大时,β 减小;当 β 增大时,α 减小,这两类错误就像一个跷跷板。人们自然希望犯这两类错误的概率都尽可能小,但实际上难以做到,要使 α 和 β 同时减小的唯一办法就是增加样本量。但样本量的增加又会受许多因素的限制,所以人们只能在两类错误发生的概率之间进行平衡,使之控制在能够接受的范围内。一般来说,发生哪一类错误的后果更为严重,就应该首先控制哪类错误发生的概率,但由于犯第 Ⅰ 类错误的概率是可以由研究者控制的,因此在假设检验中,人们往往先控制第 Ⅰ 类错误的发生概率。

发生第 Ⅰ 类错误的概率也常被用于检验结论的可靠性度量,假设检验中犯的第 Ⅰ 类错误的概率称为显著性水平,记为 α。显著性水平是指当原假设实际上是正确时,检验统计量落在拒绝域的概率。它是人们事先指定的犯第 Ⅰ 类错误的概率 α 的最大允许值。在实际应用中,根据犯第 Ⅰ 类错误的危害程度大小来确定 α 的取值,常见的取值有:$\alpha = 0.01, \alpha = 0.05, \alpha = 0.1$,当然也可以根据需要取其他值。

5. 检验统计量

检验统计量是根据样本观测结果计算得到的,并据以对原假设和备择假设做出决策的某个样本统计量。它实际上是总体参数的点估计量,但点估计量并不能直接作为检验的统计量,只有将其标准化后,才能用于度量它与原假设的参数值之间的差异程度,标准化的检验统计量可表示为

$$\text{标准化的检验统计量} = \frac{\text{点估计量} - \text{假设值}}{\text{点估计量的抽样标准差}}$$

检验统计量是一个随机变量,随着样本观测结果的不同,它的具体数值也是不同的,但只要已知一组特定的样本观测结果,检验统计量的值也就唯一确定了。

6. 利用 P 值进行决策

如果原假设 H_0 为真,所得到的样本结果会像实际观测结果那样极端或更为极端的概率,称为 P 值,也称为观测到的显著性水平。

P 值与原假设对与错的概率无关,它是关于数据的概率。P 值也是用于确定是否

拒绝原假设的另外一个重要工具,与用统计量进行决策的比较关系见图 5.1。

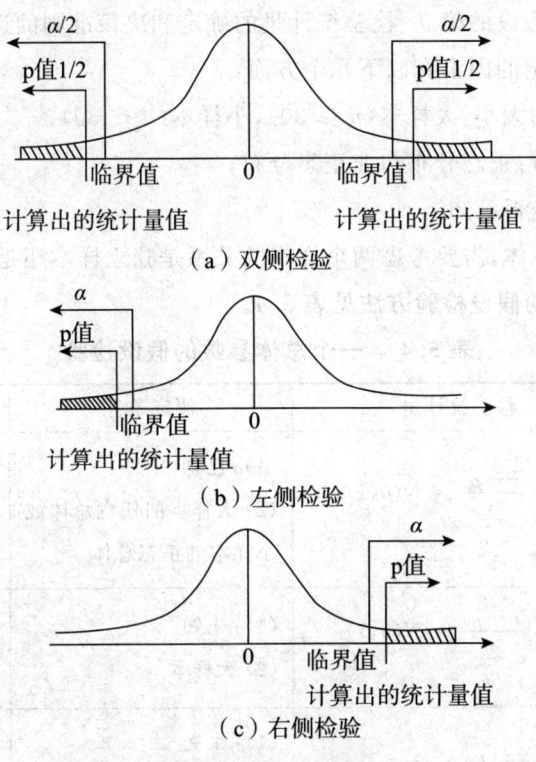

图 5.1 用 P 值进行决策的示意图

不论是单侧检验还是双侧检验,用 P 值进行决策的准则都是:
如果 P 值 $< \alpha$,拒绝 H_0;如果 P 值 $> \alpha$,不拒绝 H_0。

7. 假设检验的步骤:

(1) 根据问题的需要提出假设,包括原假设 H_0 和备择假设 H_1;

(2) 根据样本性质和总体参数找出检验统计量及其分布;

(3) 规定显著性水平 α;

(4) 确定决策准则(包括检验统计量法和 P 值法);

(5) 根据样本的数据计算出统计量的值,并根据决策准则做出决策。

8. 总体参数的假设检验方法

无论一个总体参数还是两个总体参数,假设检验的原理和步骤都基本相同,其关键是原假设和备择假设的确立、检验统计量的确定和决策准则的选择。

检验统计量确定的因素有以下几个方面:

(1) 样本量 n 的大小:大样本($n \geq 30$),小样本($n < 30$);

(2) 总体的分布:正态分布与非正态分布;

(3) 总体方差是否已知;

(4) 若是两个总体,需要考虑两个样本的关系是独立样本还是配对样本。

一个总体参数的假设检验方法见表 5.4。

表 5.4 一个总体参数的假设检验

假设形式	检验统计量	假定条件	拒绝域
$H_0: \mu = \mu_0$ $H_1: \mu \neq \mu_0$	$z = \dfrac{\overline{x} - \mu_0}{\dfrac{\sigma}{\sqrt{n}}} \sim N(0,1)$	(1) σ 已知 (2) 大样本的任意总体或小样本的正态总体	$\|z\| > z_{\frac{\alpha}{2}}$
	$z = \dfrac{\overline{x} - \mu_0}{\dfrac{s}{\sqrt{n}}} \sim N(0,1)$	(1) σ 未知 (2) 大样本	$\|z\| > z_{\frac{\alpha}{2}}$
	$t = \dfrac{\overline{x} - \mu_0}{\dfrac{s}{\sqrt{n}}} \sim t(n-1)$	(1) σ 未知 (2) 正态总体 (3) 小样本	$\|t\| > t_{\frac{\alpha}{2}}(n-1)$
$H_0: \pi = \pi_0$ $H_1: \pi \neq \pi_0$	$z = \dfrac{p - \pi_0}{\sqrt{\dfrac{\pi_0(1-\pi_0)}{n}}} \sim N(0,1)$	(1) 二项总体 (2) 大样本	$\|z\| > z_{\frac{\alpha}{2}}$
$H_0: \sigma^2 = \sigma_0^2$ $H_1: \sigma^2 \neq \sigma_0^2$	$\chi^2 = \dfrac{(n-1)s^2}{\sigma_0^2} \sim \chi^2(n-1)$	正态总体	$\chi^2 > \chi^2_{\frac{\alpha}{2}}(n-1)$ $\chi^2 < \chi^2_{1-\frac{\alpha}{2}}(n-1)$

两个总体参数的假设检验方法见表 5.5。

表 5.5 两个总体参数的假设检验

假设形式	检验统计量	假定条件
$H_0: \mu_1 = \mu_2$ $H_1: \mu_1 \neq \mu_2$	$z = \dfrac{(\overline{x}_1 - \overline{x}_2) - (\mu_1 - \mu_2)}{\sqrt{\dfrac{\sigma_1^2}{n_1} + \dfrac{\sigma_2^2}{n_2}}} \sim N(0,1)$	(1) 独立大样本($n_1 \geqslant 30$、$n_2 \geqslant 30$) 或正态总体的小样本 (2) σ_1, σ_2 已知
	$z = \dfrac{(\overline{x}_1 - \overline{x}_2) - (\mu_1 - \mu_2)}{\sqrt{\dfrac{s_1^2}{n_1} + \dfrac{s_2^2}{n_2}}} \sim N(0,1)$	(1) 独立大样本($n_1 \geqslant 30$、$n_2 \geqslant 30$) (2) σ_1, σ_2 未知
	$t = \dfrac{(\overline{x}_1 - \overline{x}_2) - (\mu_1 - \mu_2)}{s_p \sqrt{\dfrac{1}{n_1} + \dfrac{1}{n_2}}} \sim t(n_1 + n_2 - 2)$	(1) 独立小样本($n_1 < 30$、$n_2 < 30$) (2) 两个正态总体 (3) σ_1, σ_2 未知但相等
	$t = \dfrac{(\overline{x}_1 - \overline{x}_2) - (\mu_1 - \mu_2)}{\sqrt{\dfrac{s_1^2}{n_1} + \dfrac{s_2^2}{n_2}}} \sim t(v)$	(1) 独立小样本($n_1 < 30$、$n_2 < 30$) (2) 两个正态总体 (3) σ_1, σ_2 未知且不相等
$H_0: \mu_1 - \mu_2 = 0$ $H_1: \mu_1 - \mu_2 \neq 0$	$z = \dfrac{\overline{d} - (\mu_1 - \mu_2)}{\dfrac{s_d}{\sqrt{n}}} \sim N(0,1)$	匹配大样本($n_1 \geqslant 30$, $n_2 \geqslant 30$)
	$t = \dfrac{\overline{d} - (\mu_1 - \mu_2)}{\dfrac{s_d}{\sqrt{n}}} \sim N(n-1)$	匹配小样本($n_1 < 30$, $n_2 < 30$)
$H_0: \pi_1 - \pi_2 = 0$ $H_1: \pi_1 - \pi_2 \neq 0$	$z = \dfrac{p_1 - p_2}{\sqrt{p(1-p)\left(\dfrac{1}{n_1} + \dfrac{1}{n_2}\right)}} \sim N(0,1)$	(1) 两个二项总体 (2) 大样本($n1 \geqslant 30$、$n2 \geqslant 30$)
$H_0: \dfrac{\sigma_1^2}{\sigma_2^2} = 1$ $H_1: \dfrac{\sigma_1^2}{\sigma_2^2} \neq 1$	$F = \dfrac{s_1^2}{s_2^2} \sim F(n_1 - 1, n_2 - 1)$	两个独立的正态总体

典型例题解析

例(教材中例 5.11)：甲、乙两台机床同时加工某种同类型的零件，已知两台机床加工的零件直径(单位:cm)分别服从正态分布 $N(\mu_1,\sigma_1^2)$、$N(\mu_2,\sigma_2^2)$，并且有 $\sigma_1^2 = \sigma_2^2$。为比较两台机床的加工精度有无显著差异，分别独立抽取了甲机床加工的 8 个零件和乙机床加工的 7 个零件，通过测量得到的数据见表 5.6。

表 5.6　两台机床加工零件的样本数据

机床	零件直径							
甲	20.5	19.8	19.7	20.4	20.1	20.0	19.0	19.9
乙	20.7	19.8	19.5	20.8	20.4	19.6	20.2	

在 $\alpha = 0.05$ 的显著性水平下，样本数据是否提供证据支持"两台机床加工零件的直径不一致"的看法？

解：提出原假设和备择假设为

$$H_0: \mu_1 - \mu_2 = 0, H_1: \mu_1 - \mu_2 \neq 0$$

两个独立样本的容量分别为 8 和 7，小于 30，两个总体方差未知但相等。根据样本数据计算得

$$\overline{x}_1 = 19.925, \overline{x}_2 = 20.143, s_1^2 = 0.216\,4, s_2^2 = 0.272\,9$$

总体方差的合并估计量为

$$s_p = \frac{(n_1-1)s_1^2 + (n_2-1)s_2^2}{n_1+n_2-2} = \frac{(8-1)\times 0.216\,4 + (7-1)\times 0.272\,9}{8+7-2} = 0.242\,5$$

计算的检验统计量为 $t = \dfrac{(\overline{x}_1 - \overline{x}_2) - (\mu_1 - \mu_2)}{s_p\sqrt{\dfrac{1}{n_1} + \dfrac{1}{n_2}}} \sim t(n_1 + n_2 - 2)$，代入得

$t = -0.855$，根据自由度$(n_1 + n_2 - 2) = 13$，$\alpha = 0.05$ 对应的 t 分布临界值分别是 2.16 和 -2.16，检验统计量的值没有落入拒绝域，因而不能拒绝原假设。也就是说，在 0.05 的显著性水平下，没有理由认为甲、乙两台机床加工的零件直径不一致。

注：根据假设检验的步骤进行解答，根据问题的需要提出原假设 H_0 和备择假设 H_1——根据样本性质和总体参数找出检验统计量及其分布——规定显著性水平 α——确定决策准则——根据样本的数据计算出统计量的值，并根据决策准则做

出决策。

思考题全解

1. 答:原假设是研究者想收集证据予以反对的假设,也称零假设,用 H_0 表示。
备择假设是研究者想收集证据予以支持的假设,也称研究假设,用 H_1 或 H_a 表示。
建立原假设与备择假设的原则:
(1)根据研究目的,确立原假设与备择假设。确保原假设与备择假设是一个完备事件组,而且相互对立。
(2)在建立假设时,通常是先确定备择假设,然后再确定原假设。
(3)在假设检验中,等号"＝"总是放在原假设上。

2. 答:第Ⅰ类错误是指当原假设为真时拒绝原假设,又称弃真错误,犯这类错误的概率通常记为 α。
第Ⅱ类错误是指当原假设为假时没有拒绝原假设,又称取伪错误,犯这类错误的概率通常记为 β。
这两类错误概率之间的关系就像一个跷跷板,当 α 增大时,β 减小;当 β 增大时,α 减小。增加样本量,α 和 β 会同时减小。

3. 答:发生第Ⅰ类错误的概率也常被用于检验结论的可靠性度量,假设检验中犯的第Ⅰ类错误的概率称为显著性水平,记为 α。显著性水平是指当原假设实际上是正确时,检验统计量落在拒绝域的概率。它是人们事先指定的犯第Ⅰ类错误概率 α 的最大允许值。在实际应用中,根据犯第Ⅰ类错误的危害程度大小,来确定 α 取值,常见的取值有:$\alpha = 0.01$,$\alpha = 0.05$,$\alpha = 0.1$,当然也可以根据需要取其他值。
显著性水平对于假设检验决策的意义在于:不同的显著性水平,得到的关于假设检验的结论可能不同。对于不同的决策准则,解释如下:
若采用统计量决策准则,用样本观测结果计算出来的检验统计量的值落在拒绝域内,则拒绝原假设;否则,就不拒绝原假设。而拒绝域是由显著性水平 α 围成的区域,α 不同,拒绝域的大小就不同。
若采用 P 值决策准则,如果 P 值 $< \alpha$,拒绝 H_0;如果 P 值 $> \alpha$,不拒绝 H_0。给定一个样本,P 值可以确定下来,对于设定的 α 值,其值越大,越可能拒绝原假设,此时犯第Ⅰ类错误的概率就越大。

4. 答:P 值就是如果原假设 H_0 为真,所得到的样本结果会像实际观测结果那样极端或更为极端的概率,也称为观测到的显著性水平。P 值与原假设对与错的概率无关,它是关于数据的概率。P 值检验和统计量检验的区别在于决策的准则不同,在不同的准则下,得到的结论是相同的。

用 P 值进行决策的准则:如果 P 值 $< \alpha$,拒绝 H_0;如果 P 值 $> \alpha$,不拒绝 H_0。在给定显著性水平下,先确定拒绝域的临界值,然后比较根据样本计算出来的统计量和临界值的大小,进而做出"拒绝"或"不拒绝"原假设的决策。运用 P 值进行决策更加方便快捷,因为在不同的显著性水平下,P 值只需要计算一次,而临界值需要在不同的显著性水平 α 下分别计算,相应的拒绝域也应分别确定。

5. 答:当拒绝原假设时,我们称样本结果是统计上显著的;当不拒绝原假设时,称样本结果是统计上不显著的。

一个检验在统计上是显著的是指:这样的样本不是偶然得到的,而是经常出现的,所以样本结果是显著的,P 值越小,拒绝原假设的证据就越大,检验的结果也就越显著。显著性与事先设定的显著性水平 α 有关。对于一个具体的样本,可以计算出 P 值,假设 P 值等于 0.03,若 $\alpha = 0.05$,则拒绝原假设,样本结果在统计上显著;但是若 $\alpha = 0.01$,则此次检验在统计上是不显著的。所以,统计上的显著性是相对于显著性水平而言的,不同的显著性水平,样本结果的显著性不同。

6. 答:单侧检验和双侧检验在原假设、备择假设的形式上不同:双侧检验关注的是两个方向,而单侧检验只关注一个方向。其次,在进行假设检验时,单侧检验、双侧检验所使用的检验统计量相同,拒绝域的形式不同,双侧检验的拒绝域有两侧,这两侧区域的面积之和为显著性水平,而单侧检验的拒绝域只有一侧,这一侧的面积就是显著性水平。

7. 答:小样本情形总体均值的假设检验,需要假定总体的分布为正态分布,才能确定检验统计量的分布。不同检验形式的检验统计量都是 t 分布:

$$t = \frac{\bar{x} - \mu_0}{\frac{s}{\sqrt{n}}} \sim t(n-1)$$

(1) 左侧检验的拒绝域为 $z < -z_\alpha$;
(2) 右侧检验的拒绝域为 $z > z_\alpha$;
(3) 双侧检验的拒绝域为 $|z| > z_\alpha$。

练习题全解

1. **解题过程** 选择第一种假设：
$$H_0: \mu \leqslant 1035, H_1: \mu > 1035$$
因为要证明的结论是 $\mu > 1035$，所以应将其作为备择假设，然后再确定原假设。

2. **解题过程** 原假设与备择假设为 $H_0: \mu = 65, H_1: \mu \neq 65$。

3. **解题过程** (1) 第 Ⅰ 类错误是供应商提供的炸土豆片的平均质量不低于 60g，但店方拒收并投诉。

    (2) 第 Ⅱ 类错误是供应商提供的炸土豆片的平均质量低于 60g，但店方没有拒收。

    (3) 顾客会认为第 Ⅱ 类错误较为严重，但供应商会认为第 Ⅰ 类错误较为严重。

4. **解题过程** 原假设与备择假设为 $H_0: \mu \leqslant 6, H_1: \mu > 6$。

    根据题意，已知 $\sigma = 1.19, n = 100, \alpha = 0.05$。

    (1) 研究问题为 σ 已知，大样本的任意总体，所以检验统计量为
    $$z = \frac{\overline{x} - \mu_0}{\frac{\sigma}{\sqrt{n}}} \sim N(0,1)$$

    (2) 拒绝规则是：若 $z > z_0$，拒绝 H_0；否则，不拒绝 H_0。

    (3) 由题知：$\overline{x} = 6.35$，得 $z = \frac{\overline{x} - \mu_0}{\frac{\sigma}{\sqrt{n}}} = 2.94 > z_{0.05} = 1.64$，所以拒绝 H_0，

    认为改进工艺能提高其平均强度。

5. **解题过程** 设 μ 为如今每个家庭每天收看电视的平均时间，需检验的假设为：
$$H_0: \mu \leqslant 6.70, H_1: \mu > 6.70$$
由题知：$n = 200, \overline{x} = 7.25, s = 2.5$，研究问题为 σ 未知，大样本的任意总体，所以检验统计量为 $z = \frac{\overline{x} - \mu_0}{\frac{s}{\sqrt{n}}} \sim N(0,1)$，代入得：$z = 3.11$。

    在显著性水平为 0.01 时，右侧检验的临界值为 $z_{0.01} = 2.33$，因为 $z = 3.11 > 2.33$，所以拒绝 H_0，可以认为如今每个家庭每天收看电视的平均时间

增加了。

6. **解题过程** 提出原假设与备择假设：
$$H_0: \sigma_{TV}^2 \leqslant \sigma_{VCR}^2 = 0.75^2, H_1: \sigma_{TV}^2 > 0.75^2$$
由题意知，$n = 30, s^2 = 2, \alpha = 0.05$，

检验统计量为 $\chi^2 = \dfrac{(n-1)s^2}{\sigma_0^2} \sim \chi^2(n-1)$，代入得，$\chi^2 = 103 > \chi_{0.05}^2 = 42.557$，

所以拒绝 H_0，可以判定电视使用寿命的方差显著大于 VCR。

7. **解题过程** 提出原假设与备择假设：
$$H_0: \mu_1 - \mu_2 = 5, H_1: \mu_1 - \mu_2 \neq 5$$
由题知，$\alpha = 0.02, n_1 = 100, n_2 = 50$ 独立大样本，则检验统计量为

$z = \dfrac{(\bar{x}_1 - \bar{x}_2) - (\mu_1 - \mu_2)}{\sqrt{\dfrac{s_1^2}{n_1} + \dfrac{s_2^2}{n_2}}} \sim N(0,1)$，代入得：

$z = \dfrac{(14.8 - 10.4) - 5}{\sqrt{\dfrac{0.8^2}{100} + \dfrac{0.6^2}{50}}} = -5.1458$

而 $z_{0.01} = 2.33$，因为 $|z| > z_{\frac{\alpha}{2}}$，所以拒绝 H_0，认为平均装配时间之差不等于 5 分钟。

8. **解题过程** 此题属于匹配小样本的均值检验。

提出原假设与备择假设：
$$H_0: \mu_a \leqslant \mu_b, H_1: \mu_a > \mu_b$$
由上述计算得：$\bar{d} = 0.625, s_d = 1.302, n = 8, \alpha = 0.05$，检验统计量为

$t = \dfrac{\bar{d} - (\mu_1 - \mu_2)}{\dfrac{s_d}{\sqrt{n}}} \sim N(n-1)$，代入得，$t = 1.3577 < t_{0.05}(7) = 1.8946$，

所以不拒绝 H_0，即没有足够证据认为广告提高了潜在购买力的平均得分。

9. **解题过程** 提出原假设与备择假设：
$$H_0: \pi_1 \geqslant \pi_2, H_1: \pi_1 < \pi_2$$
由题知，

$n_1 = 288, p_1 = \dfrac{197}{288} = 0.684, n_2 = 367, p_2 = \dfrac{301}{367} = 0.82, \alpha = 0.1$

此题为大样本,则检验统计量为

$$p = \frac{p_1 n_1 + p_2 n_2}{n_1 + n_2} = \frac{288 \times 0.684 + 367 \times 0.82}{288 + 367} = 0.76$$

$$z = \frac{p_1 - p_2}{\sqrt{p(1-p)(\frac{1}{n_1} + \frac{1}{n_2})}} \sim N(0,1)$$

代入得 $z = -4.0476$,而 $z_{0.1} = 1.29$,因为 $z < -z_{0.1}$,可以认为信息追求者消极度假的可能性显著小于非信息追求者。

10. **解题过程** 提出原假设与备择假设:

$$H_0: \sigma_1^2 = \sigma_2^2, H_1: \sigma_1^2 \neq \sigma_2^2$$

由上述计算得知,$n_1 = 25, s_1 = 0.221, n_2 = 22, s_2 = 0.077$,

检验统计量为 $F = \dfrac{s_1^2}{s_2^2} \sim F(n_1-1, n_2-1)$,代入得 $F = 8.2376$,而 $F_{0.025}(24,21) = 2.37, F > F_{0.025}(24,21) = 2.37$,所以拒绝 H_0,认为两种机器的方差存在显著差异。

11. **解题过程** (1) 设 μ_1, μ_2 分别为施用新肥料、旧肥料的平均产量,提出原假设与备择假设:

$$H_0: \mu_1 < \mu_2, H_1: \mu_1 > \mu_2$$

① 选择"数据分析"对话框中的"t 检验:双样本等方差假设",显著性水平取为 $\alpha = 0.05$ 完成对话框中的输入后,可得到如表 5.7 所示的结果。

表 5.7 t 检验:双样本等方差假设

	变量 1	变量 2
平均	109.9	100.7
方差	33.357 894 74	24.115 79
观测值	20	20
合并方差	28.736 842 11	
假设平均值	0	
df	38	
t Start	5.427 106 029	
P(T<=t) 单尾	1.737 12E-06	

	变量1	变量2
t 单尾临界	1.685 954 46	
P(T<=t) 双尾	3.474 24E−06	
t 双尾临界	2.024 394 164	

由上表可知：

$t = 5.427\,106\,029 > t_{0.05}(38) = 1.685\,954\,46, P = 1.737\,12 \times 10^{-6} < 0.05$，所以在等方差的假定下，拒绝原假设，即新饲料获得平均产量显著高于旧饲料。

② 选择"数据分析"对话框中的"t 检验：双样本异方差假设"，显著性水平取为 $\alpha = 0.05$，完成对话框中的数据输入后，可得到如表5.8所示的结果。

表5.8 t 检验：双样本异方差假设

	变量1	变量2
平均	109.9	100.7
方差	33.357 894 74	24.115 79
观测值	20	20
假设平均值	0	
df	37	
t Start	5.427 106 029	
P(T<=t) 单尾	1.873 55E−06	
t 单尾临界	1.687 093 62	
P(T<=t) 双尾	3.747 09E−06	
t 双尾临界	2.026 192 463	

由上表可知：

$t = 5.427\,106\,029 > t_{0.05}(38) = 1.687\,093\,62, P = 1.873\,55 \times 10^{-6} < 0.05$，所以在异方差的假定下，拒绝原假设，即新饲料获得平均产量显著高于旧饲料。

(2) 设：σ_1^2、σ_2^2 分别为施用新肥料、旧肥料产量的方差，提出原假设与备择假设：

$$H_0: \sigma_1^2 = \sigma_2^2, H_1: \sigma_1^2 \neq \sigma_2^2$$

选择"数据分析"对话框中的"F检验 双样本方差分析",显著性水平取为 $\alpha = 0.05$,完成对话框中的数据输入后,可得到如表 5.9 所示的结果。

表 5.9 F 检验:双样本方差分析

	变量 1	变量 2
平均	109.9	100.7
方差	33.357 89	24.115 79
观测值	20	20
df	19	19
1919F	1.383 238 76	
P(F<= f) 单尾	0.243 109 655	
F 单尾临界	2.168 251 601	

由上表可知,F 统计量的值为 1.383 238 76,表中给出的是单侧检验临界值及 P 值,可用函数"F.INV.RT"、"F.Test",得到双侧检验的临界值及 P 值为

$F_{0.975}(19,19) = 0.395\,8, F_{0.025}(19,19) = 2.5265, P = 0.486\,2$

显然,$F_{0.975}(19,19) < F < F_{0.025}(19,19), p > \alpha$,所以不拒绝原假设,即没有充足理由认为两种肥料产量的方差有显著性差异。

案例分析全解

解:1. 由已知条件,使用标准饲料的牛群的初期体重均值、标准差分别为:$\bar{x}_1 = 178$, $s_1 = 25, n_1 = 43; n_2 = 28$。经计算,使用新饲料的牛群的初期体重均值、标准差分别为 $\bar{x}_2 = 77.928, s_2 = 10.066\,2$,

第一步:检验两个总体的方差是否相等,检验统计量为

$$F = \frac{s_1^2}{s_2^2} = \frac{25^2}{10.07^2} = 6.186\,1$$

取显著性水平 $\alpha = 0.05$,临界值为 $F_{\frac{\alpha}{2}}(42,27) = 2.06, F > F_{\frac{\alpha}{2}}(42,27)$,所以拒绝原假设,认为使用新饲料和标准饲料的两个牛群的初期体重的方差有显著性差异。

第二步:检验两总体均值是否相等,检验统计量为

$$t = \frac{(\bar{x}_1 - \bar{x}_2) - (\mu_1 - \mu_2)}{\sqrt{\frac{s_1^2}{n_1} + \frac{s_2^2}{n_2}}} \sim t(v), \text{代入得 } t = 23.49$$

其中

$$v = \frac{\left(\frac{s_1^2}{n_1} + \frac{s_2^2}{n_2}\right)^2}{\frac{s_1^2}{n_1 - 1} + \frac{s_2^2}{n_2 - 1}} = 59.76 \approx 60$$

取显著性水平 $\alpha = 0.05$，临界值为 $t_{\frac{\alpha}{2}}(60) = 2$，$|t| > t_{\frac{\alpha}{2}}(60)$，所以拒绝原假设，认为两个牛群的初期体重均值有显著差异。

2. 第一步：检验总体的方差是否相等，原假设与备择假设分别为

$$H_0: \frac{\sigma_1^2}{\sigma_2^2} = 1, H_1: \frac{\sigma_1^2}{\sigma_2^2} \neq 1$$

已知 $\overline{x}_1 = 0.91, s_1 = 0.20, n_1 = 41, n_2 = 27$。经计算，得 $\overline{x}_2 = 0.4512, s_2 = 0.1249$。检验统计量为

$$F = \frac{s_1^2}{s_2^2} = \frac{0.2^2}{0.1249^2} = 2.5641$$

取显著性水平 $\alpha = 0.01$，临界值为 $F_{1-\frac{\alpha}{2}}(40, 26) = 0.4059, F_{\frac{\alpha}{2}}(40, 26) = 2.6709$，$F < F_{\frac{\alpha}{2}}(40, 26)$，所以不拒绝原假设，认为两个总体的方差相等。

第二步：检验两总体均值是否相等，原假设与备择假设为

$$H_0: \mu_1 = \mu_2, H_1: \mu_1 \neq \mu_2$$

检验统计量为

$$t = \frac{(\overline{x}_1 - \overline{x}_2) - (\mu_1 - \mu_2)}{s_p \sqrt{\frac{1}{n_1} + \frac{1}{n_2}}} \sim t(n_1 + n_2 - 2)，代入得，t = 10.6192,$$

其中

$$s_p = \frac{(n_1 - 1)s_1^2 + (n_2 - 1)s_2^2}{n_1 + n_2 - 2} = 0.030388$$

取显著性水平 $\alpha = 0.05$，临界值为 $t_{\frac{\alpha}{2}}(66) = 1.9966$，$|t| > t_{\frac{\alpha}{2}}(66)$，所以拒绝原假设，认为两个牛群的日平均增量不相同。

3. 设 π_1、π_2 分别为喂养标准饲料、新饲料的牛群患病率，依题意建立的原假设与备择假设分别为

$$H_0: \pi_1 - \pi_2 = 0, H_1: \pi_1 - \pi_2 \neq 0$$

已知 $n_1 = 43, n_2 = 28$，经计算，喂养标准饲料、新饲料的牛群患病率分别为

$$p_1 = \frac{12}{43}, p_2 = \frac{7}{28}$$

由于 $n_1p_1, n_1(1-p_1), n_2p_2, n_2(1-p_2)$ 都大于5,所以可认为是大样本,检验统计量为

$$z = \frac{p_1 - p_2}{\sqrt{p(1-p)(\frac{1}{n_1} + \frac{1}{n_2})}} \sim N(0,1), 计算得, z = 0.2314,$$

取显著性水平 $\alpha = 0.05$,临界值为 $z_{\frac{\alpha}{2}} = 1.96$,显然,$|z| = z_{\frac{\alpha}{2}}$,所以不拒绝原假设,认为两个牛群的患病率相同。

注：其中 $p = \frac{n_1p_1 + n_2p_2}{n_1 + n_2} = \frac{19}{71}$。

4. 显著性水平 α,是研究者事先指定的犯第Ⅰ类错误的最大允许值。α 值不同,得到的"拒绝原假设"或"不拒绝原假设"的结论不同。比如在本题第2问中,对两个总体方差相等的检验,若 $\alpha = 0.05$,查的临界值为：$F_{1-\frac{\alpha}{2}}(40, 26) = 0.5044, F_{\frac{\alpha}{2}}(40, 26) = 2.0928, F = 2.5641 > F_{\frac{\alpha}{2}}(40, 26)$,所以拒绝原假设,认为两个总体的方差不等。可见,$\alpha$ 值越小,所需要的拒绝原假设的证据越充分,大的显著性水平下拒绝原假设,但小的显著性水平下不一定拒绝原假设。

5. 利用Excel中的T.Dist.2T、NORM.S.DIST的函数,计算得到问题1、2、3中的 P 值分别为：$P_1 \approx 0, P_2 \approx 0, P_3 \approx 2 \times (1 - 0.5915) = 0.817$,给定显著性水平 $\alpha = 0.05$,可知前两题中拒绝原假设,第3题不拒绝原假设。

P 值的实际含义：如果原假设 H_0 为真,所得到的样本结果会像实际观测结果那样极端或更为极端的概率,也称为观测到的显著性水平。P 值与原假设对与错的概率无关,它是关于数据的概率。P 值表明在某个总体的若干样本中,某一个样本出现的经常程度。也就是说,如果原假设是正确的话,我们得到目前这个样本数据的可能性有多大,如果这个可能性很小,就应该拒绝原假设。

第六章 方差分析

学习目标

★ 理解方差分析的基本思想及原理；
★ 理解方差分析中的基本假定及问题的一般提法；
★ 理解并掌握单因素方差分析的数据结构及分析步骤；
★ 理解无交互作用、有交互作用的双因素方差分析的数据结构，并掌握其计算步骤；

基本知识点

表 6.1　基本知识点

章节	主要内容	学习要点
6.1 方差分析引论	方差分析及其有关术语	■ 方差分析、因子、因子水平的定义
	方差分析的基本思想和原理	■ 随机误差、系统误差、组内误差、组间误差的定义及关系
	方差分析中的基本假定	■ 方差分析中的三个基本假定：正态性、等方差性、独立性
	问题的一般提法	■ 方差分析中假设的提法
6.2 单因素方差分析	数据结构	■ 单因素方差分析的数据结构

章节	主要内容	学习要点
	分析步骤	■ 步骤如下：提出假设、构造检验的统计量、统计决策、方差分析表
	用 Excel 进行方差分析	■ 用 Excel 进行方差分析的步骤
	方差分析中的多重比较	■ 多重比较的含义、方法
6.3 双因素方差分析	双因素方差分析及其类型	■ 双因素方差分析、无交互作用的双因素方差分析、有交互作用的双因素方差分析的含义
	无交互作用的双因素方差分析	■ 数据结构 ■ 分析步骤：提出假设、构造检验的统计量、统计决策
	有交互作用的双因素方差分析	■ 分析步骤：提出假设、构造检验的统计量、统计决策

重难点解析

1. 方差分析及有关术语

方差分析是检验多个总体均值是否相等的统计方法。它是通过检验各总体的均值是否相等来判断分类型自变量对数值型因变量是否有显著影响。

方差分析有关术语如下：

(1) 因素(或因子)：在方差分析中，所要检验的对象称为因素或因子。

(2) 因子水平(或处理)：因素的不同表现称为水平或处理。因素的每个水平可以看做是一个总体。

(3) 观测值：每个因子水平下得到的样本数据称为观测值。

2. 随机误差与系统误差、组内误差与组间误差

在同一行业(同一总体)下，样本的各观测值是不同的。比如，在零售业中，所抽取的 7 家企业之间被投诉的次数是不同的。由于企业是随机抽取的，因此它们之间的差异可以看成是随机因素的影响造成的，或者说是由于抽样的随机性所造成的，称为随机误差。

在不同行业(不同总体)中，各观测值也是不同的。这种差异可能是由于抽样的随机性所造成的，也可能是由于行业本身所造成的，后者所形成的误差是由系统性因素造成的，称为系统误差。

衡量因素的同一水平(同一总体)下各样本数据的误差,称为组内误差。比如,零售业中所抽取的 7 家企业被投诉次数之间的误差。

衡量因素的不同水平(不同总体)下各样本之间的误差,称为组间误差。比如,零售业、旅游业、航空公司、家电制造业之间被投诉次数之间的误差。

3. 方差分析中的基本假定

(1) 每个总体都应服从正态分布。也就是说,对于因素的每一个水平,其观测值是来自正态分布总体的简单随机样本。

(2) 各个总体的方差 σ^2 必须相同。也就是说,对于各组观察数据,是从具有相同方差的正态总体中抽取的。

(3) 观测值是独立的。

4. 方差分析中问题的一般提法

设因素有 k 个水平,每个水平的均值分别用 $\mu_1, \mu_2, \cdots, \mu_k$ 表示,要检验 k 个水平(总体)的均值是否相等,需要提出如下假设:

$$H_0: \mu_1 = \mu_2 = \cdots = \mu_k$$

$$H_1: \mu_1, \mu_2, \cdots, \mu_k \text{ 不全相等}$$

5. 单因素方差分析及数据结构

当方差分析中只涉及一个分类型自变量时,称为单因素方差分析。

	A	B	C	D	E
1	观测值	因素(i)			
2	(j)	A_1	A_2	$\cdots$	A_k
3	1	x_{11}	x_{21}	$\cdots$	x_{k1}
4	2	x_{12}	x_{22}	$\cdots$	x_{k2}
5	$\vdots$	$\vdots$	$\vdots$	$\vdots$	$\vdots$
6	n	x_{1n}	x_{2n}	$\cdots$	x_{kn}

图 6.1 单因素方差分析的数据结构

6. 方差分析的基本步骤

方差分析是对总体均值是否相等的检验。其分析的步骤都是提出假设、构造检验的统计量、统计决策。

7. 单因素分析中检验统计量的构造

(1) 计算因素各水平(总体)的均值。

$$\overline{x}_i = \frac{\sum_{j=1}^{ni} x_{ij}}{n_i} \quad (i=1,2,\cdots,k)$$

(2) 计算全部观测值的总均值。

$$\overline{\overline{x}} = \frac{\sum_{i=1}^{k}\sum_{j=1}^{ni} x_{ij}}{n} = \frac{\sum_{i=1}^{k} n_i \overline{x}_i}{n}$$

式中，$n = n_1 + n_2 + \cdots + n_k$。

(3) 计算误差平方和。

① 总误差平方和（SST）：是全部观察值 x_{ij} 与总平均值 $\overline{\overline{x}}$ 的离差平方和，反映了全部观测值的离散状况。其计算公式为

$$SST = \sum_{i=1}^{k}\sum_{j=1}^{ni}(x_{ij}-\overline{\overline{x}})^2$$

② 水平项误差平方和（SSA）：是各组平均值 $\overline{x}_i$ 与总平均值 $\overline{\overline{x}}$ 的离差平方和，反映了各总体的样本均值之间的差异程度，又称为组间平方和。其计算公式为

$$SSA = \sum_{i=1}^{k}\sum_{j=1}^{nj}(\overline{x}_i-\overline{\overline{x}})^2 = \sum_{i=1}^{k} n_i(\overline{x}_i-\overline{\overline{x}})^2$$

③ 误差项平方和（SSE）：是每个水平或组的各样本数据与其组平均值的离差平方和，反映了每个样本各观测值的离散状况，又称组内平方和或残差平方和。其计算公式为

$$SSE = \sum_{i=1}^{k}\sum_{j=1}^{n_i}(x_{ij}-\overline{x}_i)^2$$

三个平方和具有如下关系：

$$SST = SSA + SSE$$

(4) 计算统计量。

① 计算均方

各误差平方和的大小与观测值的多少有关，为消除观测值多少对误差平方和大小的影响，需要将其平均。也就是用各平方和除以它们所对应的自由度，这一结果称为均方。

三个平方和所对应的自由度分别为：

SST 的自由度为 $(n-1)$，其中 n 为全部观测值的个数；

SSA 的自由度为 $(k-1)$，其中 k 为因素水平（总体）的个数；

SSE 的自由度为 $(n-k)$。

SSA 的均方（组间均方）记为 MSA，其计算公式为

$$MSA = \frac{组间平方和}{自由度} = \frac{SSA}{k-1}$$

SSE 的均方（组内均方）记为 MSE，其计算公式为

$$MSE = \frac{组内平方和}{自由度} = \frac{SSE}{n-k}$$

② 计算 F 统计量

$$F = \frac{MSA}{MSE} \sim F(k-1, n-k)$$

8. 单因素方差分析的统计决策

计算出检验的统计量后，将统计量的值 F 与给定的显著性水平 α 的临界值 $F_\alpha(k-1, n-k)$ 进行比较，做出对原假设 H_0 的决策。

若 $F > F_\alpha$，则拒绝原假设 H_0，即 $\mu_1 = \mu_2 = \cdots = \mu_i = \cdots = \mu_k$ 不成立，表明 $\mu_i(i=1,2,\cdots,k)$ 之间的差异是显著的。也就是说，所检验的因素（行业）对观测值（投诉次数）有显著影响。

若 $F < F_\alpha$，则不拒绝原假设 H_0，没有证据表明 $\mu_i(i=1,2,\cdots,k)$ 之间有显著差异，也就是说，还不能认为所检验的因素（行业）对观测值（投诉次数）有显著影响。

9. 方差分析中的多重比较

多重比较方法有很多，这里介绍由费拉尔提出的最小显著差异法，简记为 LSD。具体步骤为：

第 1 步：提出原假设，即

$$H_0: \mu_i = \mu_j, H_1: \mu_i \neq \mu_j$$

第 2 步：计算检验统计量 $\bar{x}_i - \bar{x}_j$。

第 3 步：计算 LSD，其公式为

$$LSD = t_{\frac{\alpha}{2}} \sqrt{MSE\left(\frac{1}{n_i} + \frac{1}{n_j}\right)}$$

式中，$t_{\frac{\alpha}{2}}$ 为 t 分布的临界值，自由度为 $(n-k)$。n_i 和 n_j 是第 i 个和第 j 个样本的容量。

第 4 步：进行统计决策。

若 $|\bar{x}_i - \bar{x}_j| > LSD$，拒绝 H_0；若 $|\bar{x}_i - \bar{x}_j| < LSD$，不拒绝 H_0。

10. 无交互作用双因素方差分析的数据结构

	A	B	C	D	E	F	G
1			\multicolumn{4}{c}{列因素(j)}	平均值
2			列 1	列 2	⋯	列 r	
3	行	行 1	x_{11}	x_{12}	⋯	x_{1r}	$\overline{x}_1$
4	因	行 2	x_{21}	x_{22}	⋯	x_{2r}	$\overline{x}_2$
5	素	⋮	⋮	⋮		⋮	⋮
6	(i)	行 k	x_{k1}	x_{k2}	⋯	x_{kr}	$\overline{x}_k$
7	\multicolumn{2}{c}{平均值}	$\overline{x}_{·1}$	$\overline{x}_{·2}$	⋯	$\overline{x}_{·r}$	$\overline{\overline{x}}$
8		$\overline{x}_{·j}$					

图 6.2 双因素方差分析的数据结构

说明:$\overline{x}_i$ 是行因素的第 i 个水平下的各观察值的平均值,$\overline{x}_{·j}$ 是列因素的第 j 个水平下的各观察值的均值,$\overline{\overline{x}}$ 是全部 kr 个样本数据的总平均值。其计算公式分别为

$$\overline{x}_i = \frac{\sum_{j=1}^{r} x_{ij}}{r} (i=1,2,\cdots,k), \overline{x}_{·j} = \frac{\sum_{i=1}^{k} x_{ij}}{k} (j=1,2,\cdots,r), \overline{\overline{x}} = \frac{\sum_{i=1}^{k} \sum_{j=1}^{r} x_{ij}}{kr}$$

11. 无交互作用的双因素方差分析

第 1 步:提出假设。

① 对行因素提出的假设为

$$H_0: \mu_1 = \mu_2 = \cdots \mu_i = \cdots = \mu_k, H_1: \mu_1, \mu_2, \cdots, \mu_k \text{ 不完全相等};$$

② 对列因素提出的假设为

$$H_0: \mu_1 = \mu_2 = \cdots \mu_j = \cdots = \mu_r, H_1: \mu_1, \mu_2, \cdots, \mu_r \text{ 不完全相等}。$$

第 2 步:构造检验的统计量。

与单因素方差分析构造检验统计量的方法一样,也需要从总误差平方和 SST 的分解入手。无交互作用的双因素方差分析可以分解为三部分:

$$SST = SSR + SSC + SSE$$

其中,SSR 为行因素所产生的误差平方和,SSC 为列因素所产生的误差平方和,SSE 为随机误差项平方和。

将三个平方和除以各自的自由度,得到各均方:

$$MSR = \frac{SSR}{k-1}, MSC = \frac{SSC}{r-1}, MSE = \frac{SSE}{(k-1)(r-1)}$$

为检验行因素对因变量的影响是否显著,采用下面的统计量:
$$F_R = \frac{MSR}{MSE} \sim F(k-1, (k-1)(r-1))$$

为检验列因素对因变量的影响是否显著,采用下面的统计量:
$$F_C = \frac{MSC}{MSE} \sim F(r-1, (k-1)(r-1))$$

第3步:进行统计决策。

计算出检验的统计量后,根据给定的显著性水平 α 和两个自由度,查 F 分布表得到相应临界值 F_α,然后将 F_R 和 F_C 与 F_α 进行比较:

若 $F_R > F_\alpha$,则拒绝原假设 H_0,表明 $\mu_i(i=1,2,\cdots,k)$ 之间的差异是显著的,也就是说,所检验的行因素对观测值有显著影响;

若 $F_C > F_\alpha$,则不拒绝原假设 H_0,表明 $\mu_j(j=1,2,\cdots,r)$ 之间的差异是显著的,也就是说,所检验的列因素对观测值有显著影响。

12. 有交互作用的双因素方差分析

有交互作用的双因素方差分析,不但要分析行因素、列因素对因变量的影响,还要分析交互作用对因变量的影响。其方法和步骤与无交互作用的双因素方差分析类似。其方差分析表的一般形式如图6.3所示。

	A	B	C	D	E	F	G
1	误差来源	平方和 SS	自由度 df	均方 MS	F 值	P 值	F 临界值
2	行因素	SSR	$k-1$	$MSR = \frac{SSR}{k-1}$	$F_R = \frac{MSR}{MSE}$		
3	列因素	SSC	$r-1$	$MSC = \frac{SSC}{r-1}$	$F_C = \frac{MSC}{MSE}$		
4	交互作用	SSRC	$(k-1)(r-1)$	$MSRC = \frac{SSRC}{(k-1)(r-1)}$	$F_{RC} = \frac{MSRC}{MSE}$		
5	误差	SSE	$kx(m-1)$	$MSE = \frac{SSE}{kr(m-1)}$			
6	总和	SST	$n-1$				

图 6.3 有交互作用的双因素方差分析表

典型例题解析

例(教材中例6.3):有四个品牌的彩电在五个地区销售,为分析彩电的品牌("品牌"因素)和销售地区("地区"因素)对销售量是否有影响,取得每个品牌在各地区的销售量的数据如下图所示,试分析品牌和销售地区对彩电的销售量是否有显著影响($\alpha = 0.05$)。

	A	B	C	D	E	F	G
1			地区因素				
2			地区 1	地区 2	地区 3	地区 4	地区 5
3	品	品牌 1	365	350	343	340	323
4	牌	品牌 2	345	368	363	330	333
5	因	品牌 3	358	323	353	343	308
6	素	品牌 4	288	280	298	260	298

解：首先对两个因素分别提出如下假设：

行因素（品牌）为

$H_0: \mu_1 = \mu_2 = \mu_3 = \mu_4$　　　　　　　品牌对销售量没有显著影响

$H_1: \mu_1, \mu_2, \mu_3, \mu_4$ 不完全相等　　　　品牌对销售量有显著影响

列因素（地区）为

$H_0: \mu_1 = \mu_2 = \mu_3 = \mu_4$　　　　　　　地区对销售量没有显著影响

$H_1: \mu_1, \mu_2, \mu_3, \mu_4$ 不完全相等　　　　地区对销售量有显著影响

利用 Excel，其输出的分析结果如图 6.4 所示。

	A	B	C	D	E	F	G
1	方差分析：无重复双因素分析						
2	SUMMARY	计数	求和	平均	方差		
3	行 1	5	1721	344.2	233.7		
4	行 2	5	1739	347.8	295.7		
5	行 3	5	1685	337	442.5		
6	行 4	5	1424	284.8	249.2		
7							
8	列 1	4	1356	339	1224.6667		
9	列 2	4	1321	330.25	1464.25		
10	列 3	4	1357	339.25	822.91667		
11	列 4	4	1273	318.25	1538.9167		
12	列 5	4	1262	315.5	241.66667		
13							
14	方差分析						
15	差异源	SS	df	MS	F	P-value	F crit
16	行	13004.55	3	4334.850	18.107773	9.46E−05	3.490300
17	列	2011.70	4	502.925	2.100846	0.143665	3.259160
18	误差	2872.70	12	239.39167			
19							
20	总计	17888.95	19				

图 6.4　Excel 输出的方差分析结果

根据方差分析表的计算结果得出以下结论：

由于 $F_R = 18.107\,773 > F_\alpha = 3.490\,3$，所以拒绝原假设 H_0，表明 μ_1、μ_2、μ_3、μ_4 之间的差异是显著的，这说明品牌对销售量有显著影响。

由于 $F_C = 2.100\,846 < F_\alpha = 3.259\,16$，所以不拒绝原假设 H_0，不能认为地区对销售量有显著影响。

注：用 Excel 进行方差分析步骤如下：
第 1 步：选择"工具"下拉菜单；
第 2 步：选择"数据分析"选项；
第 3 步：在分析工具中选择"方差分析：单因素方差分析"，然后单击"确定"按钮；
第 4 步：当对话框出现时，在"输入区域"方框内键入数据单元格区域，在 α 方框内键入"0.05"（可根据需要确定），在"输出选项"中选择输出区域。

在本题中，只需要将第 3 步中的选择"方差分析：单因素方差分析"改为"方差分析：无重复双因素分析"即可。

思考题全解

1. 解：方差分析是检验多个总体均值是否相等的统计方法。它是通过检验各总体的均值是否相等来判断分类型自变量对数值型因变量是否有显著影响。

2. 解：方差分析包括单因素方差分析和多因素方差分析，它们的区别是分类型自变量的个数不同，当方差分析中只涉及一个分类型自变量时，为单因素方差分析；当方差分析中涉及两个及两个以上的分类型自变量时，为多因素方差分析。

3. 解：方差分析中有如下三个基本假定：
① 每个总体都应服从正态分布。也就是说，对于因素的每一个水平，其观测值是来自正态分布总体的简单随机样本。
② 各个总体的方差 σ^2 必须相同。也就是说，对于各组观察数据，是从具有相同方差的正态总体中抽取的。
③ 观测值是独立的。

4. 解：方差分析中，为检验因子不同水平之间是否有显著差异，需要从考察数据误差的来源入手。因子不同水平之间的差异既可能来自于随机误差，也有可能来自于系统误差。而误差可以用平方和来表示：一个是包含随机误差的组内误差；另一个是既包含随机误差，又包含系统误差的组间误差。

若因子的不同水平之间没有显著性差异（或者说，分类型自变量对数值型因变量没有显著性影响),则组间误差中只包含随机误差,没有系统误差。这时,组间误差与组内误差经过平均后的数值就应该很接近,它们的比值就会接近 1;若因子的不同水平之间有显著性差异,则在组间误差中除了包含随机误差外,还会包含系统误差,这时组间误差平均后的数值就会大于组内误差平均后的数值,它们之间的比值就会大于 1。当这个比值大到某种程度时,就可以说不同水平之间存在着显著差异,也就是自变量对因变量有显著性影响。

5. 解:因素(或因子):在方差分析中,所要检验的对象称为因素或因子。

   因子水平(或处理):因素的不同表现称为水平或处理。因素的每个水平可以看做是一个总体。

6. 解:方差分析是对总体均值是否相等的检验。

   其分析的步骤都是提出假设、构造检验的统计量、统计决策。

7. 解:水平项误差平方和(SSA)是各组平均值 $\bar{x}_i$ 与总平均值 $\bar{x}$ 的离差平方和,反映了各总体的样本均值之间的差异程度,又称为组间平方和。

   误差项平方和(SSE)是每个水平或组的各样本数据与其组平均值的离差平方和,反映了每个样本各观测值的离散状况,又称为组内平方和或残差平方和。

8. 解:方差分析中多重比较的作用是通过对总体均值之间的配对比较来进一步检验到底哪些均值之间存在差异。当方差分析拒绝了原假设时,才有必要进行多重比较。

9. 解:交互作用,指的是一个因素水平下的试验结果是否与另一个因素水平有关。所谓无交互作用,是指一个因素水平下的试验结果不受另一个因素不同水平影响的情况,即两个因素对试验结果的影响是相互独立的;有交互作用,是指一个因素水平下的试验结果与另一个因素取什么水平有关,此时两个因素的搭配会对结果产生一种新的效应。

10. 解:若两个因素对因变量的影响是相互独立的,则分别判断行因素和列因素对试验数据的影响,这时的因素分析称为无交互作用的双因素方差分析;若两个因素的搭配还会对因变量产生一种新的影响效应,这时的双因素方差分析称为有交互作用的双因素方差分析。

练习题全解

1. **解题过程** 假设三个总体均值分别为 μ_1, μ_2, μ_3。

   提出假设:

   $H_0: \mu_1 = \mu_2 = \mu_3, H_1: \mu_1, \mu_2, \mu_3$ 不全相等。

记：$\bar{\eta}_i$ 是第 i 组的组内均值，$\bar{\eta}$ 是总体均值，SSA 代表组间偏差平方和，SSE 代表组内偏差平方和，SST 代表总偏差平方和。

$\bar{\eta}_1 = (158+148+161+154+169)/5 = 158$

$\bar{\eta}_2 = (153+142+156+149)/4 = 150$

$\bar{\eta}_3 = (169+158+180)/3 = 169$

$\bar{\eta} = (158+148+161+154+169+153+142+156+149$
$\qquad +169+158+180)/12$
$\quad = 158.08$

$SSA = \sum_{i=1}^{r} n_i (\bar{\eta}_i - \bar{\eta})^2 = 618.92, df_A = r-1 = 2$

$SSA/(r-1) = 618.92/2 = 309.46$

$SSE = \sum_{i=1}^{r}\sum_{j=1}^{n_i} (\eta_{ij} - \bar{\eta}_i)^2 = 598, df_E = n-r = 9, SSE/(n-r)$
$\quad = 598/9 = 66.44$

$SST = \sum_{i=1}^{r}\sum_{j=1}^{n_i} (\eta_{ij} - \bar{\eta})^2 = 1\,216.92, df_T = n-1 = 11$

$F = \dfrac{SSA/(r-1)}{SSE/(n-r)} = 309.46/66.44 = 4.7$

因为 $F = 4.7 < F_{0.01} = 8.02$，故不能拒绝原假设，说明 3 个总体的均值之间不存在显著性差异。

2. **解题过程** 根据数据计算可得：

$$F = 17.068\,4 > F_{0.05}(2,12) = 3.885\,3$$

拒绝原假设，表明电池的平均寿命之间有显著差异。

$|\bar{x}_A - \bar{x}_B| = |44.4 - 30| = 14.4 > LSD = 5.85$，拒绝原假设，即企业 A 与企业 B 电池的平均使用寿命之间有显著差异；

$|\bar{x}_A - \bar{x}_C| = |44.4 - 42.6| = 1.8 < LSD = 5.85$，不能拒绝原假设，没有证据表明企业 A 与企业 C 电池的平均使用寿命之间有显著差异；

$|\bar{x}_B - \bar{x}_C| = |30 - 42.6| = 12.6 > LSD = 5.85$，拒绝原假设，即企业 B 与企业 C 电池的平均使用寿命之间有显著差异。

3. **解题过程** (1) 方差分析中所缺的数值见下表：

差异源	SS	df	MS	F	P-value	F crit
组间	420	2	210	1.478	0.245 946	3.354 131
组内	3 836	27	142.07	—	—	—
总计	4 256	29	—	—	—	—

(2) 根据数据计算可得：

$F = 1.478 < F_{0.05}(2,27) = 3.554\ 131$，不能拒绝原假设，即没有证据表明三种方法组装的产品数量之间有显著差异。

4. **解题过程** 根据表中数据计算可得：

$$F_{种子} = 7.239\ 7 > F_{0.05}(4,12) = 3.259\ 2$$

拒绝原假设，即种子的不同品种对收获量的影响有显著差异。

$$F_{施肥方案} = 9.204\ 7 < F_{0.05}(3,12) = 3.490\ 3$$

拒绝原假设，即不同的施肥方案对收获量的影响有显著差异。

5. **解题过程** 根据表中数据计算可得：

$$F_{地区} = 0.072\ 7 < F_{0.05}(2,4) = 6.944\ 3$$

不能拒绝原假设，没有证据表明不同的地区对该地区的销售量有显著影响。

$$F_{包装方法} = 3.127\ 3 < F_{0.05}(2,4) = 6.944\ 3$$

不能拒绝原假设，没有证据表明不同的包装方法对该地区的销售量有显著影响。

6. **解题过程** 根据表中数据计算可得：

$$F_{广告方案} = 10.75 > F_{0.05}(2,6) = 5.143\ 2$$

拒绝原假设，表明广告方案对销售量有显著影响。

$$F_{广告媒体} = 3 < F_{0.05}(1,6) = 5.987\ 4$$

不能拒绝原假设，没有证据表明广告媒体对销售量有显著影响。

$$F_{交互作用} = 1.75 < F_{0.05}(2,6) = 5.143\ 2$$

不能拒绝原假设，没有证据表明广告方案和广告媒体对销售量有交互影响。

案例分析全解

1. 解：该案例首先要确定三种募捐方式是否有显著性差异，这属于单因素方差分析；若三种募捐方式有显著性差异，再通过多重比较确定哪两种募捐方式有显著性差异，然后找出平均募捐额最大的一种募捐方式。所以，单因素方差分析的假设为

$H_0:\mu_1 = \mu_2 = \mu_3, H_1:\mu_1,\mu_2,\mu_3$ 不全相等

多重比较的假设为

$H_0:\mu_i = \mu_j$（第 i 个总体的均值等于第 j 个总体的均值），$i,j = 1,2,3$

$H_1:\mu_i \neq \mu_j$（第 i 个总体的均值不等于第 j 个总体的均值）

2. 检验三种募捐方法平均每次募到的捐款额是否相同的方差分析表，如下表所示：

差异源	SS	df	MS	F	P-value	F crit
组间	17 492.03	2	8 746.014	0.532 059	0.588 603	3.062 204
组内	2 252 011	137	16 438.04			
总计	2 269 503	139				

显著性水平 $\alpha = 0.05$ 根据方差分析表，可知：$F < F_\alpha = (2,137), P > 0.05$，所以不能拒绝原假设，即认为三种募捐方法没有显著性差异。

3. 三种募捐方法的均值分比为：

组	观测数	求和	平均	方差
电话访谈	45	2 005	44.555 56	15 497.73
个人访问	45	2 180	48.444 44	24 277.53
邮寄	50	1 170	23.4	10 242.86

从"平均"一列来看，这三种募捐方法平均每次募到的金额相差很大，个人访问方式高达 48.44 元，而邮寄方式只有 23.4 元。但从"方差"一列来看，三种方法无显著性差异。出现这种结果的原因可能是因为每种募捐方法的组内差异很大，而组间差异相对来说不是很大，从而计算出的 F 统计量的值比较小，不能拒绝原假设。所以，不能简单地从平均值来判断三种募捐方法之间的差异，而应该运用统计的假设检验理论来进行分析。

第七章

相关与回归分析

学习目标

★ 理解相关关系的概念及相关系数的含义；
★ 理解总体回归函数与样本回归函数的含义及形式；
★ 理解并掌握最小二乘估计方法；
★ 理解并掌握一元线性回归模型的拟合优度的度量方法；
★ 理解回归系数显著性 t 检验的方法；
★ 理解多元线性回归函数的一般形式及条件均值形式、样本回归函数形式；
★ 理解并掌握多元线性回归的拟合优度检验方法、回归参数显著性检验方法和回归系数显著性检验方法。

基本知识点

表 7.1　基本知识点

章节	主要内容	学习要点
7.1 相关分析	相关关系的概念	■ 函数关系与相关关系 ■ 相关关系的种类 ■ 相关关系的描述：相关表、相关图

章节	主要内容	学习要点
	相关系数	■ 相关系数的定义 ■ 总体相关系数、样本相关系数 ■ 相关系数的特点
7.2 一元线性回归分析	相关与回归分析的联系	■ 相关分析与回归分析的定义 ■ 相关分析与回归分析的联系与区别
	总体回归函数 与样本回归函数	■ 回归线与回归函数 ■ 总体回归函数 ■ 样本回归函数
	回归系数的普通 最小二乘估计	■ 一元线性回归的基本假定 ■ 普通最小二乘法 ■ 最小二乘估计的统计性质 ■ 方差 σ^2 的估计
	拟合优度的度量	■ 总离差平方和、回归平方和、残差平方和 ■ 可决系数的含义及计算 ■ 可决系数的特点
7.3 线性回归的显著 性检验与回归预测	回归系数 显著性的 t 检验	■ 回归系数显著性 t 检验的基本步骤
	一元线性回归 模型的预测	■ 区间预测及其特点
7.4 多元线性回归分析	多元线性回归 模型及假定	■ 偏回归系数 ■ 多元线性回归函数的形式 ■ 多元线性回归模型的假定
	多元线性回归 模型的估计	■ 参数的最小二乘估计 ■ 利用 Excel 作多元回归的估计 ■ 随机误差项方差 σ^2 的估计
	多元线性回归 模型的检验	■ 多元线性回归的拟合优度 ■ 回归参数的显著性检验(t 检验) ■ 回归方程的显著性检验(F 检验)

重难点解析

1. 函数关系与相关关系

当一个或若干个变量 x 取一定数值时,某一个变量 y 有确定的值与之相对应,变量之间的这种关系称为确定性的函数关系。

确定性的函数关系可表示为 $y = f(x)$。

当一个或若干个变量 x 取一定值时,与之相对应的另一个变量 y 的值虽然不确定,但却按某种规律在一定范围内变化,变量之间的这种关系称为不确定的统计关系或相关关系,一般可表示为 $y = f(x, u)$,其中 u 为随机变量。

2. 相关关系的种类

(1) 按照相关关系涉及变量(或因素)的多少,可分为单相关和复相关;

(2) 按照相关关系的表现形式不同,可分为线性相关和非线性相关;

(3) 按照相关现象变化的方向不同,可分为正相关和负相关。

3. 相关系数

(1) 总体相关系数:两个随机变量之间的相关系数。计算公式为

$$\rho = \frac{\text{Cov}(X, Y)}{\sqrt{\text{Var}(X)\text{Var}(Y)}}$$

式中,$\text{Cov}(X, Y)$ 是两变量的协方差,$\text{Var}(X)$、$\text{Var}(Y)$ 是变量 X 和 Y 的方差。

(2) 样本相关系数

设 $x = (x_1, x_2, \cdots, x_n)$,$y = (y_1, y_2, \cdots, y_n)$ 分别为来自 X 和 Y 的两个样本,则样本相关系数为

$$r_{xy} = \frac{\sum (x_i - \overline{x})(y_i - \overline{y})}{\sqrt{\sum (x_i - \overline{x})^2 \sum (y_i - \overline{y})^2}}$$

$$= \frac{n\sum x_i y_i - \sum x_i \sum y_i}{\sqrt{n\sum x_i^2 - (\sum x_i)^2} \sqrt{n\sum y_i^2 - (\sum y_i)^2}}$$

式中,x_i 和 y_i 分别是变量 x 和 y 的样本观测值;$\overline{x}$ 和 $\overline{y}$ 分别是变量 x 和 y 样本值的平均值。

(3) 相关系数的特点

① 相关系数的取值在 -1 到 1 之间,即 $|r| \leqslant 1$。

② 当 $r = 0$ 时,表明 x 与 y 没有线性相关关系。

③ 当 $0 < |r| < 1$ 时，表明 x 与 y 存在一定的线性相关关系。若 $r > 0$，表明 x 与 y 为正相关；若 $r < 0$，表明 x 与 y 为负相关。

④ 当 $r = \pm 1$ 时，表明 x 与 y 完全线性相关。若 $r = 1$，称 x 与 y 完全正相关；若 $r = -1$，称 x 与 y 完全负相关。

4. 总体回归函数与样本回归函数

（1）总体回归函数的两种表现形式：

① 条件均值表现形式：$E(y \mid x_i) = \alpha + \beta x_i$

② 个别值表现形式（随机设定形式）：$y_i = \alpha + \beta x_i + u_i$

（2）样本回归函数

$$\hat{y}_i = \hat{\alpha} + \hat{\beta} x_i \quad \text{或者} \quad y_i = \hat{\alpha} + \hat{\beta} x_i + e_i$$

5. 一元线性回归模型的基本假定

假定 1：零均值假定。$E(u_i \mid x_i) = 0$

假定 2：同方差假定。$\text{Var}(u_i \mid x_i) = E[u_i - E(u_i \mid x_i)]^2 = E(u_i^2) = \sigma^2$

假定 3：无自相关假定。$\text{Cov}(u_i, u_j) = E[u_i - E(u_i)][u_j - E(u_j)] = E(u_i, u_j) = 0$

假定 4：随机误差 u_i 与自变量 x_i 不相关假定。$\text{Cov}(u_i, x_i) = E[u_i - E(u_i)][x_i - E(x_i)] = 0$

假定 5：正态性假定：$u_i \sim N(0, \sigma^2)$

6. 回归系数的普通最小二乘估计

最小二乘准则：

$$\min(\sum e_i^2) = \min \sum (y_i - \hat{y}_i)^2 = \min \sum (y_i - \hat{\alpha} - \hat{\beta} x_i)^2$$

待定系数 $\hat{\alpha}$ 和 $\hat{\beta}$ 应满足

$$\frac{\partial(\sum e_i^2)}{\partial \hat{\alpha}} = -2 \sum (y_i - \hat{\alpha} - \hat{\beta} x_i) = 0$$

$$\frac{\partial(\sum e_i^2)}{\partial \hat{\beta}} = -2 \sum (y_i - \hat{\alpha} - \hat{\beta} x_i) x_i = 0$$

解上述方程组得

$$\hat{\beta} = \frac{n \sum x_i y_i - \sum x_i \sum y_i}{n \sum x_i^2 - (\sum x_i)^2}$$

$$\hat{\alpha} = \frac{\sum x_i^2 \sum y_i - \sum x_i \sum x_i y_i}{n \sum x_i^2 - (\sum x_i)^2}$$

$$\hat{\alpha} = \overline{y} - \hat{\beta} \overline{x}$$

$\overline{x}$ 和 $\overline{y}$ 分别为样本观测值 x_i 和 y_i 的平均值。

7. 拟合优度的度量

回归平方和占总平方和的比例，称为判定系数，计算公式为

$$R^2 = \frac{\sum(\hat{y}_i - \overline{y})^2}{\sum(y_i - \overline{y})^2} = 1 - \frac{\sum(y_i - \hat{y}_i)^2}{\sum(y_i - \overline{y})^2}$$

可决系数（或判定系数）的特点：

(1) 可决系数是非负的统计量；

(2) 可决系数取值范围：$0 \leqslant R^2 \leqslant 1$；

(3) 可决系数是样本观测值的函数，可决系数是随抽样而变动的随机变量；

(4) 在一元线性回归中，可决系数在数值上是简单线性相关系数的平方：$r = \pm\sqrt{R^2}$，因此容易证明可决系数 R^2 也可表示为

$$R^2 = \frac{[\sum(x_i - \overline{x})(y_i - \overline{y})]^2}{\sum(x_i - \overline{x})^2 \sum(y_i - \overline{y})^2}$$

8. 一元线性回归模型回归系数显著性的 t 检验

基本步骤为：

(1) 提出假设。对回归系数显著性检验的假设一般为

$$H_0: \beta = \beta^* \qquad H_1: \beta \neq \beta^*$$

(2) 计算统计量。当 σ^2 未知，且样本容量较小时，只能用 $\hat{\sigma}^2 = \sum e_i^2/(n-2)$ 去代替 σ^2，此时可计算以下服从 t 分布的 t 统计量

$$t^* = \frac{\hat{\beta} - \beta^*}{Se(\hat{\beta})}$$

(3) 给定显著性水平 α，确定临界值。

(4) 检验结果判断。

9. 一元线性回归模型的预测

(1) 点预测

将自变量的数值 x_f 直接代入估计的模型计算出因变量的预测值 $\hat{y}_f$：

$$\hat{y}_f = \hat{\alpha} + \hat{\beta} x_f$$

(2) 区间预测

$$\hat{y}_f \pm t_{\frac{\alpha}{2}}(n-2)\hat{\sigma}\sqrt{1 + \frac{1}{n} + \frac{(x_f - \overline{x})^2}{\sum_{i=1}^{n}(x_i - \overline{x})^2}}$$

10. 多元线性回归模型

(1) 多元线性总体回归函数

一般形式:$y_i = \beta_1 + \beta_2 x_{2i} + \beta_3 x_{3i} + \cdots + \beta_k x_{ki} + u_i$

条件均值形式:$E(y \mid x_{2i}, x_{3i}, \cdots, x_{ki}) = \beta_1 + \beta_2 x_{2i} + \beta_3 x_{3i} + \cdots + \beta_k x_{ki}$

(2) 多元线性样本回归函数

$$\hat{y}_i = \hat{\beta}_1 + \hat{\beta}_2 x_{2i} + \hat{\beta}_3 x_{3i} + \cdots + \hat{\beta}_k x_{ki}$$

或者 $y_i = \hat{\beta}_1 + \hat{\beta}_2 x_{2i} + \hat{\beta}_3 x_{3i} + \cdots + \hat{\beta}_k x_{ki} + e_i$

11. 多元线性回归模型的估计

(1) 参数的最小二乘估计

正规方程组为:

$$n\hat{\beta}_1 + \hat{\beta}_2 \sum x_{2i} + \cdots + \hat{\beta}_k \sum x_{ki} = \sum y_i$$

$$\hat{\beta}_1 \sum x_{2i} + \hat{\beta}_2 \sum x_{2i}^2 + \cdots + \hat{\beta}_k \sum x_{2i} x_{ki} = \sum x_{2i} y_i$$

……

$$\hat{\beta}_1 \sum x_{ki} + \hat{\beta}_2 \sum x_{2i} x_{ki} + \cdots + \hat{\beta}_k \sum x_{ki}^2 = \sum x_{ki} y_i$$

由样本观测值求解正规方程组,即可得到多元线性回归的系数估计值。

(2) 随机误差项 σ^2 的估计

方差 σ^2 未知,需要利用样本回归的残差平方和去估计,得到无偏估计为

$$\hat{\sigma}^2 = \frac{\sum e_i^2}{n-k} = \frac{e'e}{n-k} = \frac{\mathrm{SSE}}{n-k}$$

12. 多元线性回归的拟合优度

多重可决系数为

$$R^2 = \frac{\sum (\hat{y}_i - \bar{y})^2}{\sum (y_i - \bar{y})^2} = 1 - \frac{\sum e_i^2}{\sum (y_i - \bar{y})^2}$$

修正后的可决系数为

$$\bar{R}^2 = 1 - \frac{\dfrac{\sum e_i^2}{n-k}}{\dfrac{\sum (y_i - \bar{y})^2}{n-1}} = 1 - \frac{n-1}{n-k} \frac{\sum e_i^2}{\sum (y_i - \bar{y})^2}$$

修正的可决系数与未修正的多重可决系数之间有如下关系:

$$\bar{R}^2 = 1 - (1 - R^2) \frac{n-1}{n-k}$$

13. 多元线性回归模型回归参数的显著性检验

(1) 提出检验假设：
$$H_0: \beta_j = 0, H_1: \beta_j \neq 0, j = 1, 2, \cdots, k$$

(2) 计算 t 统计量。在 H_0 成立的条件下，根据样本观测值和参数估计值计算 t 统计量。
$$t = \frac{\hat{\beta}_j - 0}{Se(\hat{\beta}_j)} = \frac{\hat{\beta}_j}{Se(\hat{\beta}_j)}$$

(3) 检验。给定显著性水平 α，查自由度为 $(n-k)$ 的 t 分布表，得临界值 $t_{\frac{\alpha}{2}}(n-k)$。

若 $|t| \geq t_{\frac{\alpha}{2}}(n-k)$，就拒绝 H_0，接受 H_1，说明在其他自变量不变的情况下，自变量 x_j 对因变量 y 的影响是显著的。

若 $|t| < t_{\frac{\alpha}{2}}(n-k)$，就接受 H_0，说明在其他自变量不变的情况下，自变量 x_j 对因变量 y 的影响不显著。

14. 多元线性回归模型回归方程的显著性检验

(1) 提出检验假设：
$$H_0: \beta_1 = \beta_2 \cdots = \beta_k = 0, H_1: \beta_j (j = 1, 2, \cdots, k) \text{ 不全为零}$$

(2) 进行方差分析，得到方差分析表，如表 7.2 所示。

表 7.2　方差分析表

离差来源	平方和	自由度	方差
源于回归	$\sum(\hat{y}_i - \bar{y})^2$	$k-1$	$\sum(\hat{y}_i - \bar{y})^2/(k-1)$
源于残差	$\sum(y_i - \hat{y}_i)^2$	$n-k$	$\sum(y_i - \hat{y}_i)^2/(n-k)$
总平方和	$\sum(y_i - \bar{y})^2$	$n-1$	$\sum(y_i - \bar{y})^2/(n-1)$

可以证明，在 H_0 成立的条件下，统计量 F 服从自由度为 $k-1$ 和 $n-k$ 的 F 分布，即

$$F = \frac{\sum \frac{(\hat{y}_i - \bar{y})^2}{(k-1)}}{\sum \frac{(y_i - \hat{y}_i)^2}{(n-k)}} \sim F(k-1, n-k)$$

(3) 确定显著性水平 α，做出统计决策。

若 $F > F_\alpha(k-1, n-k)$，则拒绝原假设 $H_0: \beta_1 = \beta_2 = \cdots = \beta_k = 0$，说明回归方程中所有自变量联合起来对因变量有显著影响；若 $F < F_\alpha(k-1, n-k)$，则接受原假设 H_0，说明回归方程中所有自变量联合起来对因变量影响不显著，所建回归模型没有意义。

典型例题解析

例（教材中例 7.2）：为了研究全国各地区地方财政税收收入与地区生产总值的关系，取得 2012 年各地区相关数据，如表 7.3 所示，试建立地方财政税收收入对地区生产总值的线性回归方程。

表 7.3 2012 各地区地方财政税收收入与地区生产总值数据

地区	地方财政税收收入（亿元） y	地区生产总值（亿元） x	地区	地方财政税收收入（亿元） y	地区生产总值（亿元） x
北京	3 124.75	17 879.40	湖北	1 324.44	22 250.45
天津	1 105.56	12 893.88	湖南	1 110.74	22 154.23
河北	1 560.59	26 575.01	广东	5 073.88	57 067.92
山西	1 045.22	12 112.83	广西	762.46	13 035.10
内蒙古	1 119.87	15 880.58	海南	350.80	2 855.54
辽宁	2 317.19	24 846.43	重庆	970.17	11 409.60
吉林	760.57	11 939.24	四川	1 827.04	23 872.80
黑龙江	837.80	13 691.58	贵州	681.66	6 852.20
上海	3 426.79	20 181.72	云南	881.95	10 309.47
江苏	4 782.59	54 665.33	西藏	70.07	701.03
浙江	3 227.77	34 665.33	陕西	1 131.55	14 453.68
安徽	1 305.09	17 212.05	甘肃	347.78	5 650.20
福建	1 440.34	19 701.78	青海	146.69	1 893.54
江西	978.08	12 948.88	宁夏	207.02	2 341.29
山东	3 050.20	50 013.24	新疆	698.93	7 505.31
河南	1 469.57	29 599.31			

解：建立各地区地方财政税收收入 y 对地方生产总值 x 的线性回归方程：

$$y_i = \alpha + \beta x_i$$

式中，y_i 为第 i 地区的地方财政税收收入，x_i 为第 i 地区的地区生产总值。

为了估计其参数，将表中数据代入，由题知，$n = 31$，计算得：

估计的斜率系数 $\hat{\beta} = \dfrac{n\sum x_i y_i - \sum x_i \sum y_i}{n\sum x_i^2 - (\sum x_i)^2} = 0.079\,589$

估计的截距项 $\hat{\alpha} = \dfrac{\sum x_i^2 \sum y_i - \sum x_i \sum x_i y_i}{n\sum x_i^2 - (\sum x_i)^2} = 40.321\,81$

因此估计出的样本回归函数为

$$\hat{y}_i = 40.321\,81 + 0.079\,589 x_i$$

这说明中国各地区的地区生产总值每增加 1 亿元，地方财政税收收入平均增加 0.079 589 亿元。

思考题全解

1. 解：相关分析与回归分析的联系：
① 具有共同的研究对象，都是对变量间相关关系的分析，二者可以互相补充；
② 相关分析可以表明变量间相关关系的性质和程度，只有当变量间存在相当程度的相关关系时，利用回归分析去寻求变量间相关的具体数学形式才有实际意义；
③ 在进行相关分析时如果要确定变量间相关的具体数学形式，就要依赖于回归分析，而且在多个变量的相关分析中相关系数的确定也是建立在回归分析的基础上的。
相关分析与回归分析的区别：
① 从研究目的上看，相关分析是用一定的数量指标（相关系数）来度量变量间相互联系的方向和程度；回归分析却是要寻求变量间联系的具体数学形式，是要根据自变量的固定值去估计和预测因变量的平均值；
② 从对变量的处理来看，相关分析对称地对待相互联系的变量，不考虑二者的因果关系，也就是不区分自变量和因变量，相关的变量不一定具有因果关系，均视为随机变量；回归分析是在变量因果关系分析的基础上研究其中的自变量的变动对因变量的具体影响，必须明确划分自变量和因变量，所以回归分析中对变量的处理是不对称的，在回归分析中通常假定自变量在重复抽样中是取固定值的非随机变量，只有因变量是具有一定概率分布的随机变量。
2. 解：如果将总体因变量的条件期望 $E(y \mid x_i)$ 表示为自变量 x 的某种函数，这个函数称为总体回归函数。它有下面两种表现形式：
① 条件均值表现形式：$E(y \mid x_i) = \alpha + \beta x_i$；

② 个别值表现形式（随机设定形式）：$y_i = \alpha + \beta x_i + u_i$。

如果把因变量 y 的样本条件均值 $\hat{y}$ 表示为自变量 x 的某种函数，这个函数称为样本回归函数。对应的两种表现形式为

$$\hat{y}_i = \hat{\alpha} + \hat{\beta} x_i \quad \text{或者} \quad y_i = \hat{\alpha} + \hat{\beta} x_i + e_i$$

区别：

① 总体回归函数虽然未知，但它是确定的，样本回归线随抽样波动而变化，可以有许多条，所以，样本回归线还不是总体回归线，至多只是未知总体回归线的近似表现；

② 总体回归函数的参数虽未知，但是确定的常数，样本回归函数的参数可估计，但是随抽样而变化的随机变量；

③ 总体回归函数中的 u_i 是不可直接观测的，而样本回归函数中的 e_i 是只要估计出样本回归的参数就可以计算的数值。

3. 解：随机误差项是总体回归函数 $y_i = \alpha + \beta x_i + u_i$ 中的 u_i，残差是样本回归函数 $y_i = \hat{\alpha} + \hat{\beta} x_i + e_i$ 中的 e_i。两者区别在于随机误差项 u_i 不可直接观测，而残差是只要估计出样本回归的参数就可以计算的数值。

4. 解：回归分析要用样本数据去估计回归函数的参数，而各种参数估计方法都是以一定假定为前提的。总体回归函数中的随机误差项 u_i 是无法直接观测的，为了进行回归分析，需要对其性质做一些假定。

5. 解：总体方差是总体的数字特征，描述的是随机变量取值的离散程度，它的值是唯一确定的。

参数估计是根据样本得到的，由于样本是随机的，所以参数估计是一个随机变量，而且参数估计方差往往含有总体的未知参数，需要进一步通过样本进行估计，此时得到的参数估计方差实质上是一个随样本变动而变动的随机变量。

6. 解：可以建立多元线性回归模型去研究，因为影响中国妇女生育水平的因素有很多，选择人均国内生产总值、城镇人口比例、高中以上文化程度的人口比例、多孩率、综合节育率等因素，然后对建立的回归模型进行拟合优度检验、回归方程、回归系数的显著性检验，建立最终的回归方程。

7. 解：相关分析发挥的作用是：研究死亡的人数与体重的相关关系。

回归分析发挥的作用是：以死亡人数作为因变量，以"体重""死亡的原因"（"吃死"或是"饿死"）作为自变量，建立回归模型分析"全球吃死的人比饿死的人多"这个问题。

8. 解：

第 1 步:输入区域;

第 2 步:估计参数及进行检验。在"工具"菜单的"数据分析"中选"回归",单击"确定"按钮打开对话框。在回归对话框的"y 值输入区域"中输入因变量所在的列,在"x 值输入区域"中输入自变量所在的列,在"输出区域"中输入选定的单元格。完成以上输入后,单击"确定"按钮,即可得到回归估计结果。

9. 解:如果样本回归线对样本观测值拟合程度越好,各样本观测点与回归线就靠得越近,由样本回归作出解释的离差平方和在总离差平方和中占的比重也越大;反之,拟合程度越差,这部分所占比重就越小。所以,$\sum(\hat{y}_i - \bar{y})^2 \Big/ \sum(y_i - \bar{y})^2$ 可以作为综合度量回归模型对样本观测值拟合优度的指标,这一比例称为可决系数(或称判定系数),一般用 R^2 表示。

$$R^2 = \frac{\sum(\hat{y}_i - \bar{y})^2}{\sum(y_i - \bar{y})^2}$$

10. 解:对回归系数显著性作 t 检验的基本思想是通过对总体回归系数 $\beta = 0$ 的检验,来考察自变量对因变量的影响是否显著;或者说,x 与 y 之间是否具有显著的线性关系。若拒绝原假设"$\beta = 0$",则认为自变量对因变量的影响显著;否则,影响不显著。

对回归系数显著性作 t 检验,主要依据是在回归模型基本假定满足的条件下,回归系数服从正态分布,但正态分布中的 σ^2 未知,用其估计代替,即可得到 t 检验统计量。

11. 解:基本条件和前提是所建立的回归方程通过了各项统计检验(拟合优度度量、回归系数的检验),且在经济上也有实际意义,则估计出的回归模型就可以用于对因变量的预测。

预测有点预测和区间预测两种。点预测 $\hat{y}_f$ 只是对 y_f 的平均值作的点估计。而 $\hat{y}_f$ 是由样本回归方程计算的,随样本的不同而不同,是一个随机变量。所以,对平均值的点预测值 $\hat{y}_f$ 不一定等于因变量 y_f 的真实个别值,需要作区间估计。

12. 解:在多元线性回归模型中,偏回归系数表示当控制其他自变量不变的条件下,某个自变量的单位变动对因变量均值的影响,是该自变量对因变量的净影响。而回归系数并没有排除其他自变量对因变量的影响,即回归系数中既包含要考察的某个自变量对因变量的影响,又包含其他自变量对因变量的影响。

13. 解:由于在样本容量一定的条件下,总离差平方和与自变量的个数无关,而残差平方和会随着模型中自变量个数的增加而减少,至少不会增加。也就是说,随着模型中自变量的增加,多重可决系数 R^2 会随着自变量个数的增加而增大。因此,多元线性回归模型中,在比较因变量相同而自变量个数不同的模型的拟合程度时,不能简单地对比多重可决系数。在样本容量一定的情况下,增加自变量必定使得待估参数的个数增加,从而损失自由度,而且在实际应用中,有时所增加的自变量并非必要。为此,人们用自由度去修正多重可决系数 R^2 中的残差平方和与回归平方和,引入了修正的可决系数 $\bar{R}^2$。

14. 解:t 检验对单个回归系数是否显著进行了推断,由于多元线性回归模型包含了多个自变量,它们联合起来同因变量之间是否存在显著的线性关系还需要进一步作出判断,即应当对回归系数进行整体检验。该检验是在方差分析的基础上利用 F 检验进行的。

15. 证明:
$$t = \frac{\hat{\beta}}{Se(\hat{\beta})}$$

$$F = \frac{SSR}{\frac{SSE}{n-2}} = \frac{\sum(\hat{y}_i - \bar{y})^2}{\frac{\sum(y_i - \hat{y}_i)^2}{n-2}} = \frac{\sum[(\hat{\alpha} + \hat{\beta}x_i) - (\hat{\alpha} + \hat{\beta}\bar{x})]^2}{\frac{\sum e_i^2}{n-2}}$$

$$= \frac{\hat{\beta}^2 \sum(x_i - \bar{x})^2}{\frac{\sum e_i^2}{n-2}} = \frac{\hat{\beta}^2}{\frac{\sum e_i^2}{n-2} \cdot \frac{1}{\sum(x_i - \bar{x})^2}} = \frac{\hat{\beta}^2}{[Se(\hat{\beta})]^2} = t^2$$

在给定的显著性水平 α 下,$|t| > t_{\frac{\alpha}{2}}$(或 $P < \alpha$)与 $F > F_\alpha(k-1, n-k)$ 等价,所以统计决策等价。

综上所述,在一元回归情形下 $F = t^2$,F 检验与 t 检验是等价的。

练习题全解

1. **解题过程** (1) 由题意知,$n = 12$,代入数据计算可得:

$$\hat{\beta} = \frac{n\sum x_t y_t - \sum x_t \sum y_t}{n\sum x_t^2 - (\sum x_t)^2} = \frac{\sum(x_t - \bar{x})(y_t - \bar{y})}{\sum(x_t - \bar{x})^2} = 0.7863$$

$$\hat{\alpha} = \bar{y} - \hat{\beta}\bar{x} = 549.8 - 0.7863 \times 647.88 = 40.3720$$

回归方程为 $\hat{y} = 40.3720 + 0.7863x$。

经济意义是销售收入每增加 1 万元,销售成本就要增加 0.7863 万元。

(2) 代入数据计算可得,可决系数为:

$$R^2 = r^2 = \frac{[\sum(x_t - \overline{x})(y_t - \overline{y})]^2}{\sum(x_t - \overline{x})^2 \sum(y_t - \overline{y})^2} = 0.9998$$

由于
$$SST = SSR + SSE = R^2 \cdot SST + SSE$$
所以
$$SSE = (1 - R^2)SST$$

标准误差为

$$Se = \sqrt{\frac{SSE}{n-2}} = \sqrt{\frac{(1-R^2)\sum(y_t - \overline{y})^2}{12 - 2}} = 2.2928$$

(3) 提出假设: $H_0: \beta_2 = 0, H_1: \beta_2 \neq 0$

$$Se(\hat{\beta}_2) = \frac{Se}{\sqrt{\sum(x_t - \overline{x_t})^2}} = 0.003517$$

$$t = \frac{\hat{\beta}_2}{Se(\hat{\beta}_2)} = \frac{0.7863}{0.003517} = 223.5712$$

由于 $t_{0.025}(10) = 2.2281$,$|t| > t_{0.025}(10) = 2.2281$,所以拒绝原假设,即 x 对 y 存在显著线性影响。

(4) 当销售收入为 800 万元时,把 $x = 800$ 代入回归方程得: $\hat{y} = 669.412$ 在置信度为 95% 的条件下,预测区间为

$$\hat{y}_t \pm t_{\frac{\alpha}{2}}(n-2)Se\sqrt{1 + \frac{1}{n} + \frac{(x_f - \overline{x})^2}{\sum_{t=1}^{n}(x_i - \overline{x})^2}}$$

代入数据计算得,置信度为 95% 的预测区间为 (663.963, 674.861)。

2. **解题过程** 设农村居民家庭人均消费支出为 y,人均纯收入为 x,回归方程为 $\hat{y}_i = \alpha + \beta x_i$。利用 Excel 输出的回归结果如表 7.4 至表 7.6 所示。

表 7.4

Multiple R Square	0.9149
Adjusted R Square	0.912
标准误差	636.5
观测值	31

表 7.5

	df	SS	MS	F	Significance F
回归分析	1	126 371 724	126 371 724	311.97	< 2.2E−16

| 残差 | 29 | 11 747 297 | 405 079 | — | — |
| 总计 | 30 | 138 119 021 | — | — | — |

表 7.6

	Coefficients	标准误差	t Stat	P-value
Intercept	1 005	316.9	3.17	0.003 58
X Variable 1	0.614 5	0.034 8	17.66	$< 2.2E-16$

由表 7.6 可以看出,$\beta = 0.614\,5$,$\alpha = 1\,005$。所以回归方程为 $\hat{y}_i = 1\,005 + 0.614\,5 x_i$。截距项和斜率项的 t 检验对应 $P-$值均小于 0.05,因此,各系数在显著性水平 0.05 下是显著的。

回归方程的经济意义是:农村居民家庭人均纯收入每提高一元,相应的农村居民家庭人均消费支出增加 $0.614\,5$ 元。

3. **解题过程** (1) 设当年红利为 y,每股账面价值为 x。

建立回归方程:$y_i = \alpha + \beta x_i + u_i$

代入表中数据得:$\hat{\beta} = \dfrac{n\sum x_i y_i - \sum x_i \sum y_i}{n\sum x_i^2 - (\sum x_i)^2} = 0.072\,875\,90$

$$\hat{\alpha} = \dfrac{\sum x_i^2 \sum y_i - \sum x_i \sum x_i y_i}{n\sum x_i^2 - (\sum x_i)^2} = 0.479\,774\,58$$

所以回归方程为 $y_i = 0.479\,774\,58 + 0.072\,875\,90 x_i$。

(2) 回归系数的经济意义是:当每股账面价值增加 1 元时,当年红利将平均增加 $0.072\,876$ 元。

(3) 序号 6 的公司每股账面价值为 19.25 元,若增加 1 元后,每股账面价值变为 $X = 20.25$ 元,则代入回归方程得当年红利估算为

$$y_i = 0.479\,775 + 0.072\,876 \times 20.25 = 1.955\,514(元)。$$

4. **解题过程** (1) 散点图如下所示:

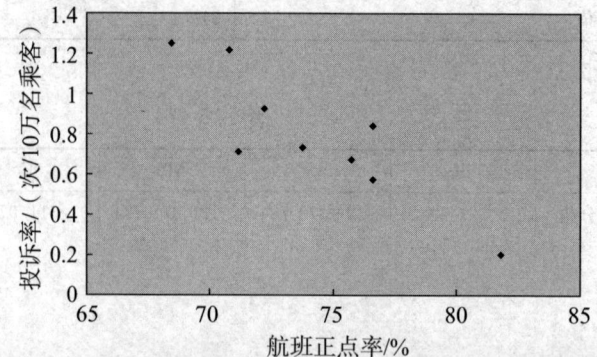

(2) 根据散点图,明显可以看出航班正点率与投诉率存在负相关的关系。

(3) 设投诉率为 y,航班正点率为 x,建立回归方程为
$$y_i = \alpha + \beta x_i + u_i$$

代入表中样本数据计算得:
$$\hat{\beta} = \frac{n\sum x_i y_i - \sum x_i \sum y_i}{n\sum x_i^2 - (\sum x_i)^2} = -0.07$$

$$\hat{\alpha} = \frac{\sum x_i^2 \sum y_i - \sum x_i \sum x_i y_i}{n\sum x_i^2 - (\sum x_i)^2} = 6.0178$$

所以回归方程为 $y_i = 6.0178 - 0.07x_i$。

(4) 斜率的意义是航班正点率每提高 1%,相应的投诉率平均下降 0.07 次 /10 万名乘客。

(5) 把 $x_i = 80\%$ 代入回归方程计算得: $y_i = 0.4187$。即如果航班正点率为 80%,则估计每 10 万名乘客投诉的次数为 0.4187 次。

5. **解题过程** (1) 建立多元回归方程: $y_i = \beta_1 + \beta_2 x_{1i} + \beta_3 x_{2i} + \beta_4 x_{3i} + \mu_i$

代入表中数据计算得: $\beta_1 = 32.99309, \beta_2 = 0.071619$

$\beta_3 = 0.168727, \beta_4 = 0.179042$

所以回归方程为
$$\hat{y}_i = 32.99309 + 0.071619 x_{1i} + 0.168727 x_{2i} + 0.179042 x_{3i}。$$

(2) 由计算结果可知, $\beta_1, \beta_2, \beta_3, \beta_4$ 对应的统计量分别是 0.51206, 4.853871, 4.222811, 3.663731,其临界值均大于 $t_{0.025}(22-4) = 2.101$,各个自变量都对 y 有显著影响;同时,由于 $F = 58.20479$,大于临界值 $F_{0.05}(4-1, 22-4) = 3.16$,说明模型在整体上显著。

6. **解题过程** (1) 样本容量为 $14 + 1 = 15$;

(2) $SSE = SST - SSR = 66042 - 65965 = 77$;

(3) SSR 的自由度为 $k - 1 = 2$; SSE 的自由度为 $n - k = 12$;

(4) 多重可决系数: $R^2 = 65965/66042 = 0.9988$;

修正的多重可决系数: $\overline{R}^2 = 1 - (1 - R^2)\frac{n-1}{n-k}$

$$= 1 - \frac{15-1}{15-3} \times (1 - 0.9988) = 0.9986;$$

(5) 代入数据计算得:

$$F = \frac{\frac{65\,965}{2}}{\frac{77}{12}} = \frac{32\,982}{6.416\,6} = 5\,140.11$$

F 统计量远比 F 临界值大，说明 x_2 和 x_3 联合起来对 y 有显著影响，但并不能确定 x_2 和 x_3 各自对 y 的贡献为多少。

7. 解题过程 （1）对于回归方程 $y_t = \beta_1 + \beta_2 x_t + u_t$。利用 Excel 输出的回归结果如表 7.7 所示。

表 7.7

	Coefficients	标准误差	t Stat	P-value
Intercept	$-1\,491.748\,6$	$726.777\,4$	-2.053	$0.067\,2$
X Variable 1	$5.903\,6$	$0.706\,9$	8.351	$8.07\mathrm{E}-06$

由表 7.7 可得回归结果为 $\hat{y}_t = -1\,491.748\,6 + 5.903\,6x_t$。表 7.7 显著性检验结果显示：在显著性水平为 0.05 下，截距项不显著，斜率项显著。

对于回归方程 $y_t = \beta_1 + \beta_2 x_t + \beta_3 x_t^2 + u_t$，利用 Excel 输出的回归结果如表 7.8 所示。

表 7.8

	Coefficients	标准误差	t Stat	P-value
Intercept	$3\,771$	882.1	4.275	$0.002\,064$
X Variable 1	-6.542	1.965	-3.329	$0.008\,816$
X Variable 2	$0.006\,397$	$0.000\,996\,9$	6.416	$0.000\,123$

由表 7.8 可得回归结果为 $\hat{y}_t = 3\,771 - 6.542x_t + 0.006\,397x_t^2$。表 7.8 显著性检验结果显示：在显著性水平为 0.05 下，各系数均显著。

对于回归方程 $y_t = \beta_1 + \beta_2 x_t + \beta_3 x_t^2 + \beta_4 x_t^3 + u_t$。利用 Excel 输出的回归结果如表 7.9 所示。

表 7.9

	Coefficients	标准误差	t Stat	P-value
Intercept	$3\,960$	$2\,627$	1.508	0.17
X Variable 1	-7.243	9.35	-0.775	0.461
X Variable 2	$0.007\,178$	$0.010\,22$	0.703	0.502
X Variable 3	$-2.677\mathrm{E}-07$	$3.480\mathrm{E}-06$	-0.077	0.941

由表 7.9 可得回归结果为 $\hat{y}_t = 3\,960 - 7.243x_t + 0.007\,178x_t^2 - 2.677 \times 10^{-7} x_t^3$。

表 7.9 显著性检验结果显示:在显著性水平为 0.05 下,各系数均不显著。

(2) 根据(1)中参数估计及显著性检验的结果表明:当模型中只有一个自变量(即运输量)时,截距项在显著性水平为 0.05 下不显著;当模型引入运输量及运输量的平方项时,各系数均可通过显著性检验,但运输量对营业收入有负向影响,这不符合实际意义;当模型以运输量、运输量的平方、运输量的三次方为自变量时,各个系数均不能通过显著性检验,说明引入运输量的三次方不合理。

(3) 该项研究中可能存在以下几方面问题:

① 样本量较少,可能导致模型拟合结果不可信;

② 只使用线性模型,可能非线性模型拟合效果更好;

③ 运输量、运输量的 n 次方项间存在相关关系,可能出现多重共线性。

相对而言,以运输量为自变量的回归模型拟合效果较好。回归方程为 $\hat{y}_t = -1\,491.748\,6 + 5.903\,6x_t$,表示运输量正向影响总营业收入,运输量每增加 1 万吨,总营业收入平均增加 5.903 6 万元。

8. **解题过程** 以对数视力 $\ln(y)$ 为因变量,年龄 x 为自变量,建立回归方程 $\ln(\hat{y}) = \ln a + bx$。利用 Excel 输出的回归结果如表 7.10 所示。

表 7.10

	Coefficients	标准误差	t Stat	P-value
Intercept	1.061 98	0.482 77	2.2	0.050 1
X Variable 1	0.043 75	0.017 63	2.482	0.030 5

由表 7.10 得回归方程

$$\ln(\hat{y}) = 1.061\,98 + 0.043\,75x,\text{即 } \hat{y} = 2.892\,1e^{0.043\,75x}。$$

第八章

时间序列分析与预测

学习目标

★ 了解时间序列的概念及构成要素；
★ 理解并掌握时间序列的速度分析方法；
★ 了解时间序列的构成要素及其组合模型；
★ 理解并掌握时间序列趋势变动分析方法（移动平均法、指数平滑法、模型法）；
★ 会利用时间序列进行季节变动分析；
★ 会利用时间序列进行循环变动分析。

基本知识点

表 8.1 基本知识点

章节	主要内容	学习要点
8.1 时间序列的描述性分析	时间序列的含义	■ 时间序列的含义 ■ 时间序列的构成要素 ■ 时间序列分析的目的
	时间序列的图形描述	■ 时间序列的曲线图
	时间序列的速度分析	■ 发展速度 ■ 增长速度 ■ 平均发展速度与平均增长速度

章节	主要内容	学习要点
8.2 时间序列的构成因素及其组合模型	时间序列的构成因素	■ 长期趋势 ■ 季节变动 ■ 循环变动 ■ 不规则变动
	时间序列构成因素的组合模型	■ 乘法模型 ■ 加法模型
8.3 时间序列趋势变动分析	测定长期趋势的移动平均法	■ 移动平均法的含义及基本原理 ■ 移动平均法的特点
	测定长期趋势的指数平滑法	■ 指数平滑法的意义及作用 ■ 指数平滑法的含义及计算过程 ■ 选择平滑系数 α 值时考虑的因素
	测定长期趋势的模型法	■ 线性趋势的模型法 ■ 非线性趋势的模型法
8.4 季节变动分析	季节变动分析的原始资料平均法	■ 原始资料平均法 ■ 原始资料平均法的基本步骤 ■ 原始资料平均法的基本假定前提
	季节变动分析的趋势—循环剔除法	■ 趋势—循环剔除法的含义 ■ 趋势—循环剔除法的步骤
	季节变动的调整	■ 季节变动的调整的目的及意义 ■ 季节变动的调整方法
8.5 循环变动分析	循环变动及其测定目的	■ 循环变动的含义及规律 ■ 循环变动及其测定的目的
	循环变动的测定方法	■ 直接法 ■ 剩余法

重难点解析

1. 时间序列的描述性分析

（1）时间序列的含义

社会现象在一定连续时点或一定连续时期上测量的观测值，按时间顺序排列后形成的数列称为时间序列，有时也称为动态数列。

（2）时间序列的两个基本构成要素

一是被研究现象所属的时间范围；二是反映该现象在一定时间条件下的数量特征值。

2. 时间序列的速度分析

（1）发展速度

时间序列中报告期水平与基期水平之比，称为发展速度，说明现象报告期水平较基期水平的相对发展程度。

$$发展速度 = \frac{报告期水平}{基期水平} = \frac{x_t}{x_0}$$

式中，x_t 为变量在第 t 期的水平；x_0 为变量在基期的水平。

由于所选基期的不同，发展速度分为定基发展速度和环比发展速度。

定基发展速度：

报告期水平 x_t 与某一固定基期水平（或称最初水平）x_0 之比。

环比发展速度：

报告期水平 x_t 与前一期水平 x_{t-1} 之比。

（2）增长速度

由增长量与基期水平对比可计算增长速度，说明报告期水平较基期水平增长的相对程度。增长速度为发展速度减1，即

$$增长速度 = \frac{增长量}{基期水平} = \frac{报告期水平 - 基期水平}{基期水平} = 发展速度 - 1$$

增长速度可分为环比增长速度和定基增长速度。其关系为：

环比增长速度 = 环比发展速度 - 1

定基增长速度 = 定基发展速度 - 1

（3）平均发展速度和平均增长速度

平均速度是指各个时期环比速度的序时平均数。

平均发展速度是现象逐期发展速度的平均程度,平均增长速度是现象逐期增长的平均程度。二者的关系是：

平均增长速度 ＝ 平均发展速度 － 1

3. 时间序列的构成因素

（1）长期趋势

长期趋势指现象在一段相当长的时期内所表现的沿着某一方向的持续发展变化。长期趋势可能呈现为不断增长的态势,也可能呈现为不断降低的趋势,或者还可能呈现为不变的水平趋势。长期趋势是受某种长期的起根本性作用的因素影响的结果。

（2）季节变动

本来意义上的季节变动是指受自然因素的影响,在一年中随季节的更替而发生的有规律的变动。现在对季节变动的概念有了扩展,对一年内由于社会、政治、经济、自然因素影响,形成的以一定时期为周期的有规则的重复变动,都可称为季节变动。

（3）循环变动

循环变动指在较长时间内呈现出的波峰波谷交替的变动,通常是以若干年（或若干月、季）为一定周期的有一定规律性的周期波动。

（4）不规则变动

不规则变动是时间序列分离了长期趋势、季节变动、循环变动以后的波动。不规则变动是由那些影响时间序列的短期的、不可预期的和不重复出现的众多偶然因素引起的,呈现为无规则的随机变动。

4. 时间序列构成因素的组合模型

（1）乘法模型

$$Y_t = T_t \cdot S_t \cdot C_t \cdot I_t$$

乘法模型是假定四种因素对现象发展的影响是相互的,长期趋势成分选取与 Y 相同计量单位的绝对量,以长期趋势为基础,其余成分则均以比率（相对量）表示。

（2）加法模型

$$Y_t = T_t + S_t + C_t + I_t$$

加法模型是假定四种因素的影响是独立的,每种成分均以与时间序列变量值 Y 相同计量单位的绝对量来表示。

5. 时间序列趋势变动分析

（1）测定长期趋势的移动平均法

移动平均法的基本原理,是通过移动平均消除时间序列中的不规则变动和其他变动,从而揭示出时间序列的长期趋势。所谓移动平均,是选择一定的用于平均的时距项

数 K，采用对序列逐项递移的方式，对原序列递移的 K 项计算一系列序时平均数。

移动平均法的特点：

① 移动平均对原序列有修匀或平滑的作用，移动平均后，使得原序列的上下波动被削弱了，而且平均的时距项数 K 越大，对数列的修匀作用越强。

② 移动平均时距项数 K 为奇数时，只需一次移动平均，其移动平均值作为移动平均项数的中间一期的数值；而当移动平均时距项数 K 为偶数时，移动平均值代表的是这偶数项的中间位置的水平，无法对正某一时期，需再进行一次相邻两平均值的移动平均，这样才能使平均值对正某一时期，称为移正平均，也称中心化的移动平均数。

③ 当序列包含季节变动时，移动平均时距项数 K 应与季节变动长度一致，才能消除季节变动的影响。当序列包含周期变动时，移动平均的时距项数 K 应该和周期长度基本一致，才能较好地消除周期波动。

④ 移动平均后，其序列的项数较原序列减少，当 K 为奇数项时，新序列首尾各减少 $\frac{K-1}{2}$ 项；当 K 为偶数项时，序列首尾各减少 $\frac{K}{2}$ 项。因此，移动平均的项数 K 不宜过大。

（2）测定长期趋势的指数平滑法

用 E_t 表示指数平滑值，α 为平滑系数，一次指数平滑值的计算公式如下：

$$E_t = E_{t-1} + \alpha(y_t - E_{t-1}), t = 1, 2, 3, \cdots, n$$

或　　$E_t = \alpha y_t + (1-\alpha)E_{t-1}, t = 1, 2, 3, \cdots, n$

式中，E_t 是 t 期的指数平滑值；E_{t-1} 为 $(t-1)$ 期的指数平滑值；y_t 为 t 期的实际观察值；α 为平滑系数，$0 < \alpha < 1$。

一般来说，平滑系数 α 值的选择需要考虑以下几个方面：

① α 值越小，对序列的平滑作用越强，对时间序列的变化反映越慢，因而序列中随机波动较大时，为了消除随机波动的影响，可选择较小的 α 值，使序列较少受随机波动的影响；α 值越大，对序列的平滑作用越弱，对时间序列的变化反映越快，因而序列中随机波动较小时，为了反映出序列的变动状况，可选择较大的 α 值，使数据的变化很快反映出来。

② 如果对后期趋势的估计主要依靠近期信息，α 值宜选择得大一些；如果希望充分重视历史信息，α 值宜选择得小一些。

③ 看对初始值的重视程度。如果对初始值的正确性把握不大，希望减小初始值的影响，则 α 值宜大些；反之，如果对初始值的正确性把握较大，希望突出初始值的影响，则 α 值宜小些。

④ 通常可选取几种不同的 α 值进行比较，最后选择使实际值和估计值均方误差最

小的 α 值。

(3) 测定长期趋势的模型法

1) 线性趋势的模型法

线性趋势方程的一般形式为

$$\hat{y}_t = a + bt$$

2) 非线性趋势的方程拟合法

① 抛物线型

当现象的长期趋势近似于二次抛物线形态时，可拟合为如下二次曲线方程

$$\hat{y}_t = a + bt + ct^2$$

式中，$\hat{y}_t$ 为时间序列 y_t 的趋势值；t 为时间的标号；a,b,c 为参数。

② 指数曲线型

当现象的长期趋势每期大体上按相同的增长速度递增或递减变化时，长期趋势模型可以拟合为如下指数曲线方程：

$$\hat{y}_t = ab^t$$

式中，$\hat{y}_t$ 为时间序列 y_t 的趋势值；t 为时间标号；a,b 为参数。

6. 季节变动分析

(1) 原始资料平均法

基本步骤为：

① 计算各年同期（月或季）的平均数 $\bar{y}_i$($i = 1, 2, \cdots, 12$ 月或 $i = 1, 2, 3, 4$ 季度)，其目的是消除各年同一季度（月份）数据上的不规则变动。

② 计算全部数据的总平均数 $\bar{y}$，找出整个序列的水平趋势。

③ 计算季节比率 S_i，即

$$S_i = \frac{\bar{y}_i}{\bar{y}}(i = 1, 2, \cdots, 12 \text{ 月或 } i = 1, 2, 3, 4 \text{ 季度})$$

(2) 趋势－循环剔除法

基本步骤为：

① 对原序列计算平均项数等于季节周期 L（如 12 个月或 4 个季度）的中心化移动平均数，以消除季节变动 S 和不规则变动 I，所得移动平均的结果若以 M 表示，M 只包含了趋势变动 T 和循环变动 C。

② 为了剔除原序列中的趋势变动 T 和循环变动 C，将原数列各项数据除以移动平均序列对应时间的各项数据 M，即消除趋势变动和循环变动的序列为

$$\frac{Y}{M} = \frac{T \cdot C \cdot S \cdot I}{T \cdot C} = S \cdot I$$

③ 这里各影响因素是以乘法模型组合,所以计算的 $S \cdot I$ 是比率,而不是绝对量。将消除趋势变动和循环变动的序列各年同月(或同季)的比率数据进行平均,以消除不规则变动 I,再分别除以全部 $S \cdot I$ 数据的总平均数,即得季节变动比率(也称季节指数)S。

④ 对季节比率的调整。季节比率的总和 $\sum S_i$ 应当等于季节周期的长度 L,如果计算的季节比率的总和接近于季节周期长度 L,则不必调整。但是,计算的季节比率的总和有时不一定等于 L,这时需要对其进行调整。调整的方法是以 $\dfrac{L}{\sum S_i}$ 作为调整系数,对各季节系数加以调整,将其误差分摊到各期的季节比率中去,调整的方法是

$$S^* = S_i \times \frac{L}{\sum S_i} \quad (i = 1, 2, \cdots, L)$$

7. 循环变动分析

(1) 直接法

具体可用以下两种方式:

一种方式是将每年每月(或季度)的数值与上一年同期数值对比,所求得的年距发展速度序列大体可消除长期趋势和季节变动,即

$$C \cdot I_{t,i} = \frac{y_{t,i}}{y_{t-1,i}}, i = 1, 2, \cdots, 12 \text{ 或 } i = 1, 2, 3, 4$$

式中,t 为年份,i 为月份或季度。

另一种方式是将每年每月(或季度)数值较上年同期增长的部分除以前一年对应月份(或季度)的数值,得出的年距增长速度序列也可以大致消除长期趋势和季节变动,表示循环变动,即

$$C \cdot I_{t,i} = \frac{y_{t,i} - y_{t-1,i}}{y_{t-1,i}}, i = 1, 2, \cdots, 12 \text{ 或 } i = 1, 2, 3, 4$$

(2) 剩余法

剩余法又称分解法,其基本思想是用前面介绍的原理先从序列中分别分解出长期趋势和季节变动,然后再消除不规则变动成分,剩余的变动则揭示出序列的循环变动特征。如果原序列的因素模型为乘法模式 $Y = T \cdot S \cdot C \cdot I$,可以先分别消除已经分解出的季节变动 S 和长期趋势 T,或者可以同时消除季节变动 S 和长期趋势 T,即

$$\frac{Y}{T \cdot S} = \frac{T \cdot S \cdot C \cdot I}{T \cdot S} = C \cdot I$$

再将上述所得结果 $C \cdot I$ 用移动平均法，以消除不规则变动 I，即得到循环变动值 C。

典型例题解析

例（教材中例 8.7）：下表中的 y 为某企业第 t 年一季度到第 $t+2$ 年三季度某种产品的销售量。通过描绘销售量的散点图可以观察出其近拟于抛物线，可用抛物线方程拟合其长期趋势。

某企业某种产品的销售量及有关数据

单位：万件

时间		序号 t	销售量 y	t^2
年份	季度			
第 t 年	一季度	-5	928	25
	二季度	-4	2 845	16
	三季度	-3	3 238	9
	四季度	-2	4 942	4
第 $t+1$ 年	一季度	-1	4 555	1
	二季度	0	6 278	0
	三季度	1	6 485	1
	四季度	2	6 852	4
第 $t+2$ 年	一季度	3	6 849	9
	二季度	4	7 317	16
	三季度	5	7 023	25

解：以 t 和 t^2 为解释变量，用 Excel 中多元回归分析的方法估计抛物线型的趋势方程的参数。对于本例，可在 Excel 工作表中输入销售量数据（如 D2:D12 中）、序号 t（如 B2:B12 中），并生成"t^2"值（如 C2:C12 中）。在"工具"的"数据分析"中选"回归"，在对话框的"Y 值输入区域"中输入"D2:D12"，在"X 值输入区域"中输入"B2:C12"（注意这里涵盖了 t 值和 t^2 值），在"输出区域"中输入指定位置（例如 E1），单击"确定"按钮即得回归结果，输出形式如图 8.1 所示。

	A	B	C	D	E	F	G	H	I	J	K
1	时间(年季)	序号 t	t^2	销售量 y	SUCOARY OUTPUT						
2	t/1	−5	25	928		回归统计					
3	t/2	−4	16	2 845							
4	t/3	−3	9	3 238	Multiple R	0.985 66					
5	t/4	−2	4	4 942	R Square	0.971 525					
6	t+1/1	−1	1	4 555	Adjusted R Se	0.964 406					
7	t+1/2	0	0	6 278	标准误差	396.613 1					
8	t+1/3	1	1	6 485	观测值	11					
9	t+1/4	2	4	6 852	方差分析						
10	t+2/1	3	9	6 849			df	SS	MS	F	Significance F
11	t+2/2	4	16	7 317	回归分析		2	42 935 118	21 467 559	136.473 570 2	6.57E−07
12	t+2/3	5	25	7 023	残差		8	1 258 416	157 302		
13					总计		10	44 193 534			
14											
15						Coefficients	标准误差	t Stat	P-value	Lower 95%	Upper 95%
16					Intercept	5 941.58	180.648 1	32.890 36	7.964 33E−10	5 525.005	6 338.156
17					X Variable 1	590.418 2	37.815 58	15.613 1	2.823 64E−07	503.215 3	677.621 1
18					X Variable 2	−73.139 9	13.540 15	−5.401 7	0.000 644 706	−104.363	−41.916 2

图 8.1 抛物线型趋势的估计

所以该企业某种产品销售量的二次曲线方程为

$$\hat{y}_t = 5\,941.58 + 590.42t - 73.14t^2$$

从图 8.1 中可以看出，此非线性回归的可决系数为 $R^2 = 0.971\,525$，修正的可决系数为 $\overline{R}^2 = 0.964\,406$。而且，$F$ 统计量为 136.474，对应的 P 值为 $6.57E-07$；估计的"t"和"t^2"系数的 t 统计量分别为 $15.613\,1$ 和 $-5.401\,7$，其绝对值均大于 t 统计量临界值，对应的 P 值为 $2.82E-07$ 和 $0.000\,64$。这说明该企业产品销售量的抛物线趋势是显著的。

思考题全解

1. 解：表 8.2 汇总了 2006—2011 年上海市生产总值、上证 180 开盘指数和上海市年末储蓄存款金额三个时间序列。

表 8.2　2006－2011 年上海市生产总值、
上证 180 开盘指数和上海市年末储蓄存款金额

年份	上海市生产总值（亿元）	上证 180 开盘指数	上海市年末储蓄存款金额（亿元）
2006	10 572.24	2 174.72	9 480.28
2007	12 494.01	4 864.31	9 326.45
2008	14 069.87	12 047.40	12 083.66
2009	15 046.45	4 122.80	14 357.65
2010	17 165.98	7 799.25	16 249.29
2011	19 195.69	6 576.47	17 958.22

根据这三个时间序列，分别做出时间序列折线图，如下图所示：

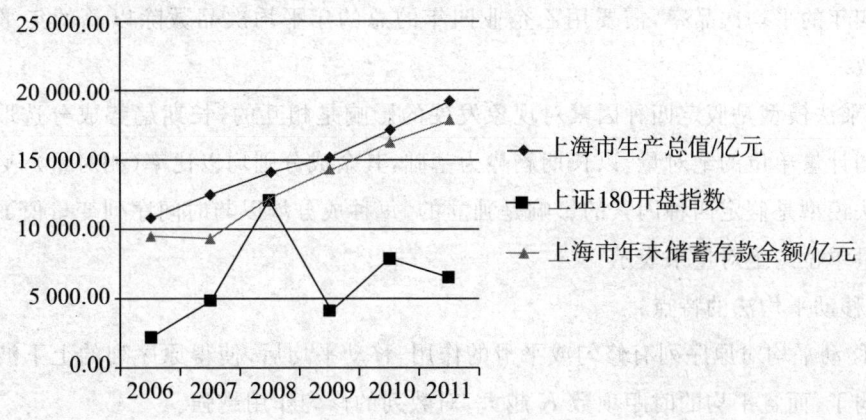

根据图形可知,2006－2011年间,上海市生产总值和上海市年末储蓄存款金额呈逐年递增的趋势,而上证180开盘指数在同样的时间年份内,有明显剧烈的波动。

2. 解:时间序列的速度分析指标主要有:发展速度、增长速度、平均发展速度和平均增长速度。根据基期的不同,速度指标又分为:定基发展速度、环比发展速度、定基增长速度、环比增长速度。它们之间的关系是:

① 增长速度 = 发展速度 － 1;

② 定基增长速度 = 定基发展速度 － 1;

③ 环比增长速度 = 环比发展速度 － 1;

④ 平均增长速度 = 平均发展速度 － 1。

3. 解:平均发展速度是各期环比发展速度的序时平均数,通常采用几何平均法去计算。这是由于现象发展的总速度并不等于各期环比发展速度之和,而是等于各期环比发展速度的连乘积,所以各期环比发展速度的序时平均数不能在速度代数和基础上按算术平均方法去计算,而只能在速度连乘积基础上按几何平均法去计算。

用几何平均法计算平均发展速度时,各期发展水平等于最初发展水平乘以平均发展速度的高次方,可以根据最初发展水平和平均发展速度计算出任意时期的发展水平。

4. 解:不一样。

对甲企业而言,平均增长率等价于平均增长速度,可以用几何平均法计算出甲企业在这四年中产品销售量的年平均发展速度,减去1(或100%)后,即可计算出年平均增长率。

对乙企业的次品率而言,次品率等于次品数除以产量,次品率是相对数,要计算乙企业四年的平均次品率,需要用乙企业四年的总的年平均次品数除以总的年平均产品数。

5. 解:乘法模型是假定四种因素对现象发展的影响是相互的,长期趋势成分选取与Y相同计量单位的绝对量,以长期趋势为基础,其余成分则均以比率(相对量)表示。

加法模型是假定四种因素的影响是独立的,每种成分均以与时间序列变量值Y相同计量单位的绝对量来表示。

6. 解:移动平均法的特点:

① 移动平均对原序列有修匀或平滑的作用,移动平均后,使得原序列的上下波动被削弱了,而且平均的时距项数K越大,对数列的修匀作用越强。

② 移动平均时距项数 K 为奇数时,只需一次移动平均,其移动平均值作为移动平均项数的中间一期的数值;而当移动平均时距项数 K 为偶数时,移动平均值代表的是这偶数项的中间位置的水平,无法对正某一时期,则需再进行一次相邻两平均值的移动平均,这样才能使平均值对正某一时期,称为移正平均,也称中心化的移动平均数。

③ 当序列包含季节变动时,移动平均时距项数 K 应与季节变动长度一致,才能消除季节变动的影响。当序列包含周期变动时,移动平均的时距项数 K 应该和周期长度基本一致,才能较好地消除周期波动。

④ 移动平均后,其序列的项数较原序列减少,当 K 为奇数项时,新序列首尾各减少 $\frac{K-1}{2}$ 项;当 K 为偶数项时,序列首尾各减少 $\frac{K}{2}$ 项。因此,移动平均的项数 K 不宜过大。

指数平滑法是通过计算一系列平滑值来消除不规则变动,以揭示现象的基本趋势。指数平滑值 E_t 实质上是各期观测值 y_t 的加权平均数(权数和为1),各期权数呈指数递减形式,故称为指数平滑。第 t 期平滑值包含了第 t 期及以前所有数据的信息,但又对不同时期的数据给予不同的权数,越是近期的数据,给予权数越大。由于是平均值,对序列具有平滑修匀作用,能消除不规则变动的影响;又由于对各期数据赋予不同权数,体现了对各期数据的不同重视程度。

趋势拟合法是利用数学原理,根据时间序列的变动趋势,选择合适的趋势线拟合时间序列的变动趋势。趋势拟合法可以建立趋势线的数学方程式,根据数学方程式预测现象的发展水平。趋势拟合法既可以拟合线性趋势,也可以拟合非线性趋势。

7. 解:基本步骤为:

① 计算各年同期(月或季)的平均数 $\bar{y}_i(i=1,2,\cdots,12$ 月或 $i=1,2,3,4$ 季度),其目的是消除各年同一季度(月份)数据上的不规则变动。

② 计算全部数据的总平均数 $\bar{y}$,找出整个序列的水平趋势。

③ 计算季节比率 S_i,即

$$S_i = \frac{\bar{y}_i}{\bar{y}}(i=1,2,\cdots,12 \text{月或} i=1,2,3,4 \text{季度})$$

原理是:假定原始时间序列没有明显的长期趋势或循环变动,通过各年同期数据的平均,可以消除不规则变动。

8. 解:基本步骤为:

① 对原序列计算平均项数等于季节周期 L（如12个月或4个季度）的中心化移动平均数,以消除季节变动 S 和不规则变动 I,所得移动平均的结果若以 M 表示,M 只包含了趋势变动 T 和循环变动 C。

② 为了剔除原序列中的趋势变动 T 和循环变动 C,将原数列各项数据除以移动平均序列对应时间的各项数据 M,即消除趋势变动和循环变动的序列为

$$\frac{Y}{M} = \frac{T \cdot C \cdot S \cdot I}{T \cdot C} = S \cdot I$$

③ 这里各影响因素是以乘法模型组合,所以计算的 $S \cdot I$ 是比率,而不是绝对量。将消除趋势变动和循环变动的序列各年同月（或同季）的比率数据进行平均,以消除不规则变动 I,再分别除以全部 $S \cdot I$ 数据的总平均数,即得季节变动比率（也称季节指数）S。

④ 对季节比率的调整。季节比率的总和 $\sum S_i$ 应当等于季节周期的长度 L,如果计算的季节比率的总和接近于季节周期长度 L,则不必调整。但是,计算的季节比率的总和有时不一定等于 L,这时需要对其进行调整。调整的方法是以 $\dfrac{L}{\sum S_i}$ 作为调整系数,对各季节系数加以调整,将其误差分摊到各期的季节比率中去,调整的方法是

$$S^* = S_i \times \frac{L}{\sum S_i} \quad (i = 1, 2, \cdots, L)$$

9. 解:时间序列的长期趋势可分为线性趋势和非线性趋势。当时间序列的长期趋势近似地呈现为直线而发展,每期的增减数量大致相同时,则称时间序列具有线性趋势。线性趋势的特点是其变化率或趋势线的斜率基本保持不变。当时间序列在各时期的变化随时间而异,各时期的变化率或趋势线的斜率有明显变动但又有一定规律性时,现象的长期趋势将不再是线性的,这时现象的长期趋势可能是非线性趋势。对于线性趋势和非线性趋势可以分别用不同的模型去拟合。

10. 解:循环变动往往存在于一个较长的时期中,是一种周而复始的近乎规律性的变动。循环变动不同于季节变动,季节变动也是交替变动,但季节变动有比较固定的规律性,而且变动周期一般是一年;循环变动的规律不那么固定,变动的周期通常在一年以上,周期的长短、变动形态、波动的大小也不那么固定。

练习题全解

1. 解题过程 (1) 2020 年该厂汽车产量为

$$30 \times (1+10\%)^3 \times (1+12\%)^5 = 70.3703 (万辆)$$

(2) 设以后 12 年应以 x 的速度增长才能达到预定目标，则

$$30 \times 3 = 30 \times (1+10\%) \times (1+x)^{12}$$

经计算得：

$$x = \sqrt[12]{\frac{30 \times 3}{30 \times (1+10\%)}} - 1 = 8.72\%$$

(3) 设能提前 n 年达到 2020 年的预定目标 70 万辆，则

$$30 \times (1+15\%)^n = 70$$

经计算得：

$$n = \frac{\lg \frac{7}{3}}{\lg(1+15\%)} = 6.06 (年)$$

故能提前 6.06 年达到 2020 年的预定目标。

2. 解题过程 2013 年与 2000 年相比该地区社会商品零售额共增长：

$$(1+8\%)^5 \times (1+12\%)^5 \times (1+9\%)^3 - 1 = 235.34\%$$

年平均增长速度为

$$\sqrt[13]{(1+8\%)^5 \times (1+12\%)^5 \times (1+9\%)^3} - 1 = 9.75\%$$

2014 年的社会商品零售额应为

$$30 \times (1+9.75\%)^6 = 52.426 (亿元)$$

3. 解题过程 (1) 发展速度为

$$(1+12\%)^5 \times (1+10\%)^3 \times (1+11\%)^2 \times (1+9\%)^3 = 374.28\%$$

平均增长速度为

$$\sqrt[13]{374.28\%} - 1 = 10.69\%$$

(2) 2015 年的国内生产总值为

$$600 \times (1+11.2\%)^5 = 1\,020.18 (亿元)$$

(3) 由于平均数 $\bar{y} = \frac{1}{4} \sum_{j=1}^{4} y_j = \frac{3\,000}{4} = 750 (亿元)$

所以2015年二季度的计划任务为:$750 \times 5\% = 37.5$(亿元)

4. **解题过程** (1)建立回归方程:
$$Y_t = \beta_1 + \beta_2 t + u$$

利用Excel的回归分析功能,可计算出回归系数,因此回归方程为
$$\hat{Y}_t = 0.365 + 0.193t$$

利用该回归方程进行预测,下一年的收益:
$$\hat{Y}_{11} = 0.365 + 0.193 \times 11 = 2.488(元)$$

用最近的三项移动平均计算该股票下一年的收益率:
$$\hat{Y}_{11} = \frac{1.68 + 2.10 + 2.50}{3} = 2.093(元)$$

(2)该公司近10年的数据表明股票收益呈逐年增加的趋势,并且趋势方程 $\hat{y}_t = 0.365 + 0.193t$ 也表明每经过一年,股票的每股收益平均增长0.193元,所以股票是该公司一个较为合适的投资方向。

5. **解题过程** (1)先做四项移动平均,再做两项移动平均,可消除时间序列的短期偶然波动,如下表所示。

年份	季度	鲜蛋销售量 (万 kg)	四项移动平均值 (万 kg)	两项中心化移动平均值 (万 kg)
2010	一	13.1	—	—
	二	13.9	10.88	—
	三	7.9	10.30	10.59
	四	8.6	9.70	10.00
2011	一	10.8	10.15	9.93
	二	11.5	10.75	10.45
	三	9.7	11.70	11.23
	四	11.0	13.20	12.45
2012	一	14.6	14.78	13.99
	二	17.5	16.58	15.68
	三	16.0	17.53	17.05
	四	18.2	18.15	17.84

续表

年份	季度	鲜蛋销售量（万 kg）	四项移动平均值（万 kg）	两项中心化移动平均值（万 kg）
2013	一	18.4	18.38	18.26
	二	20.0	18.33	18.35
	三	16.9	—	—
	四	18.0		

(2) 用 $\alpha=0.3$、$\alpha=0.5$、$\alpha=0.7$ 对各期鲜蛋销售量进行预测,结果如下表所示。

年份	季度	鲜蛋销售量（万 kg）	鲜蛋销售量指数平滑(万 kg)		
			$\alpha=0.3$	$\alpha=0.5$	$\alpha=0.7$
2010	一	13.1	—	—	—
	二	13.9	13.1	13.1	13.1
	三	7.9	13.34	13.5	13.66
	四	8.6	11.708	10.7	9.628
2011	一	10.8	10.775 6	9.65	8.908 4
	二	11.5	10.782 9	10.225	10.232 5
	三	9.7	10.998	10.862 5	11.119 8
	四	11.0	10.608 6	10.281 3	10.125 9
2012	一	14.6	10.726	10.640 6	10.737 8
	二	17.5	11.888 2	12.620 3	13.441 3
	三	16.0	13.571 8	15.060 2	16.282 4
	四	18.2	14.300 2	15.530 1	16.084 7
2013	一	18.4	15.470 2	16.865	17.565 4
	二	20.0	16.349 1	17.632 5	18.149 6
	三	16.9	17.444 4	18.816 3	19.444 9
	四	18.0	17.281 1	17.858 1	17.663 5
合计	—				—

(3) 利用表中数据,由 Excel 可得回归结果如下表所示。

	Coefficients	标准误差	t Stat	P-value	Lower 95%	Upper 95%
Intercept	8.692 5	1.297 565	6.699 086	1.01E−05	5.909 5	11.475 5
X Variable 1	0.639 853	0.134 191	4.768 226	0.000 3	0.352 042	0.927 664

所以由表可得线性趋势方程为：$\hat{y}_t = 8.6925 + 0.639853t$

(4) 由 $\hat{y}_t = 8.6925 + 0.639853t(t = 1,2,3,\cdots,16)$ 可以预测鲜蛋销售量，如下表所示。

年份	季度	时间序列号 t	鲜蛋销售量(万 kg)(1)	鲜蛋销售量(万 kg)拟合值(2)	趋势剔除值(3) = (1)/(2)
2010	一	1	13.1	9.332 353	1.403 719
	二	2	13.9	9.972 206	1.393 874
	三	3	7.9	10.612 06	0.744 436
	四	4	8.6	11.251 91	0.764 315
2011	一	5	10.8	11.891 77	0.908 192
	二	6	11.5	12.531 62	0.917 679
	三	7	9.7	13.171 47	0.736 440
	四	8	11.0	13.811 32	0.796 448
2012	一	9	14.6	14.451 18	1.010 298
	二	10	17.5	15.091 03	1.159 629
	三	11	16.0	15.730 88	1.017 108
	四	12	18.2	16.370 74	1.111 740
2013	一	13	18.4	17.010 59	1.081 679
	二	14	20.0	17.650 44	1.133 116
	三	15	16.9	18.290 3	0.923 988
	四	16	18.0	18.930 15	0.950 864

由上表可得季节指数，如下表所示。

季度\年度	一季度	二季度	三季度	四季度	
2010	1.403 719	1.393 874	0.744 436	0.764 315	—
2011	0.908 192	0.917 679	0.736 440	0.796 448	—
2012	1.010 298	1.159 629	1.017 108	1.111 740	—
2013	1.081 679	1.133 116	0.923 988	0.950 864	—
平均	1.100 972	1.151 075	0.855 493	0.905 842	4.013 381
季节指数	1.097 301	1.147 237	0.852 641	0.902 822	4.000 00

所以可得 2014 年各个季度的预测值为：

2014 年第一季度预测值：

$\hat{Y}_{17} = \hat{T}_{17}\hat{S}_1 = (8.6925 + 0.639853 \times 17) \times 1.097301 = 21.47418(万\ kg)$

2014 年第二季度预测值：

$\hat{Y}_{18} = \hat{T}_{18}\hat{S}_2 = (8.6925 + 0.639853 \times 18) \times 1.147237 = 23.18549(万\ kg)$

2014 年第三季度预测值：

$\hat{Y}_{19} = \hat{T}_{19}\hat{S}_3 = (8.6925 + 0.639853 \times 19) \times 0.852641 = 17.77732(万\ kg)$

2014 年第四季度预测值：

$\hat{Y}_{20} = \hat{T}_{20}\hat{S}_4 = (8.6925 + 0.639853 \times 20) \times 0.902822 = 19.40125(万\ kg)$

6. 解题过程 （1）根据表中数据绘制时间序列图如下：

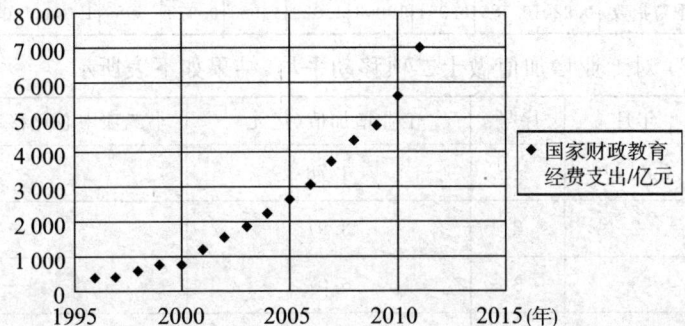

由时间序列图知，1996—2011 年间，中国高等学校国家财政教育经费支出呈逐年上升的趋势。

（2）使用二阶多项式添加趋势线拟合时间序列数据，下图是添加趋势线后的时序图：

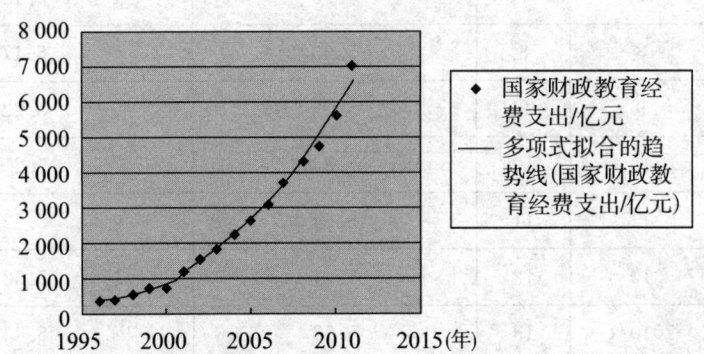

（3）拟合的趋势线对应方程为：$y = 27.422t^2 - 55.567t + 480.3$。

令 $t = 17$，代入拟合的趋势线方程得：$y = 7460.62$，即预测 2012 年中国高等学校国家财政教育经费支出为 7 460.62 亿元。

7. **解题过程** (1) 用原始资料平均法计算得季节比率见下表。

月 年	1	2	3	4	5	6	7	8	9	10	11	12
2009	4.78	3.97	5.07	5.12	5.27	5.45	4.95	5.03	5.37	5.34	5.54	5.44
2010	5.18	4.61	5.69	5.71	5.90	6.05	5.65	5.76	6.14	6.14	6.47	6.55
2011	6.46	5.62	6.96	7.12	7.23	7.43	6.78	6.76	7.03	6.85	7.03	7.22
2012	6.82	5.68	7.38	7.40	7.60	7.95	7.19	7.35	7.76	7.83	8.17	8.47
同月合计	23.24	19.88	25.1	25.35	26	26.88	24.57	24.9	26.3	26.16	27.21	27.68
同月平均	5.81	4.97	6.28	6.34	6.5	6.72	6.14	6.23	6.58	6.54	6.8	6.92
季节指数	0.920	0.786	0.994	1.003	1.029	1.063	0.972	0.986	1.041	1.035	1.076	1.095

(2) 对工业增加值做十二项移动平均,结果如下表所示。

年月	序号	工业增加值(亿元)	十二项中心化移动平均(亿元)
2009/1	1	4.78	—
2	2	3.97	—
3	3	5.07	—
4	4	5.12	—
5	5	5.27	—
6	6	5.45	—
7	7	4.95	5.13
8	8	5.03	5.17
9	9	5.37	5.22
10	10	5.34	5.27
11	11	5.54	5.32
12	12	5.44	5.38
2010/1	13	5.18	5.43
2	14	4.61	5.49

续表

年月	序号	工业增加值(亿元)	十二项中心化移动平均(亿元)
3	15	5.69	5.55
4	16	5.71	5.62
5	17	5.90	5.69
6	18	6.05	5.77
7	19	5.65	5.87
8	20	5.76	5.97
9	21	6.14	6.06
10	22	6.14	6.18
11	23	6.47	6.29
12	24	6.55	6.40
2011/1	25	6.46	6.51
2	26	5.62	6.60
3	27	6.96	6.68
4	28	7.12	6.74
5	29	7.23	6.80
6	30	7.43	6.85
7	31	6.78	6.89
8	32	6.76	6.91
9	33	7.03	6.93
10	34	6.85	6.96
11	35	7.03	6.98
12	36	7.22	7.02
2012/1	37	6.82	7.06
2	38	5.68	7.10

续表

年月	序号	工业增加值（亿元）	十二项中心化移动平均（亿元）
3	39	7.38	7.16
4	40	7.40	7.23
5	41	7.60	7.32
6	42	7.95	7.41
7	43	7.19	—
8	44	7.35	—
9	45	7.76	—
10	46	7.83	—
11	47	8.17	—
12	48	8.47	—

（3）使用指数平滑法进行预测：

年月	序号	工业增加值（亿元）	工业增加值指数平滑值（亿元）		
			$\alpha=0.3$	$\alpha=0.5$	$\alpha=0.7$
2009/1	1	4.78	—	—	—
2	2	3.97	4.78	4.78	4.78
3	3	5.07	4.54	4.38	4.21
4	4	5.12	4.70	4.72	4.81
5	5	5.27	4.82	4.92	5.03
6	6	5.45	4.96	5.10	5.20
7	7	4.95	5.11	5.27	5.37
8	8	5.03	5.06	5.11	5.08
9	9	5.37	5.05	5.07	5.04
10	10	5.34	5.15	5.22	5.27
11	11	5.54	5.20	5.28	5.32

续表

年月	序号	工业增加值(亿元)	工业增加值指数平滑值(亿元)		
			$\alpha=0.3$	$\alpha=0.5$	$\alpha=0.7$
12	12	5.44	5.30	5.41	5.47
2010/1	13	5.18	5.35	5.43	5.45
2	14	4.61	5.30	5.30	5.26
3	15	5.69	5.09	4.96	4.81
4	16	5.71	5.27	5.32	5.42
5	17	5.90	5.40	5.52	5.62
6	18	6.05	5.55	5.71	5.82
7	19	5.65	5.70	5.88	5.98
8	20	5.76	5.69	5.76	5.75
9	21	6.14	5.71	5.76	5.76
10	22	6.14	5.84	5.95	6.03
11	23	6.47	5.93	6.05	6.11
12	24	6.55	6.09	6.26	6.36
2011/1	25	6.46	6.23	6.40	6.49
2	26	5.62	6.30	6.43	6.47
3	27	6.96	6.09	6.03	5.87
4	28	7.12	6.35	6.49	6.63
5	29	7.23	6.58	6.81	6.97
6	30	7.43	6.78	7.02	7.15
7	31	6.78	6.97	7.22	7.35
8	32	6.76	6.92	7.00	6.95
9	33	7.03	6.87	6.88	6.82

续表

年月	序号	工业增加值(亿元)	工业增加值指数平滑值(亿元)		
			$\alpha=0.3$	$\alpha=0.5$	$\alpha=0.7$
10	34	6.85	6.92	6.96	6.97
11	35	7.03	6.90	6.90	6.88
12	36	7.22	6.94	6.97	6.98
2012/1	37	6.82	7.02	7.09	7.15
2	38	5.68	6.96	6.96	6.92
3	39	7.38	6.58	6.32	6.05
4	40	7.40	6.82	6.85	6.98
5	41	7.60	6.99	7.12	7.27
6	42	7.95	7.17	7.36	7.50
7	43	7.19	7.41	7.66	7.82
8	44	7.35	7.34	7.42	7.38
9	45	7.76	7.34	7.39	7.36
10	46	7.83	7.47	7.57	7.64
11	47	8.17	7.58	7.70	7.77
12	48	8.47	7.76	7.94	8.05

8. **解题过程** (1) 由教材中表 8.15 的数据,利用 Excel 作回归分析,结果如下表所示。

	Coefficients	标准误差	t Stat	P-value	Lower 95%	Upper 95%
Intercept	4.601 676	0.122 728	37.494 84	3.93E−36	4.354 636	4.848 715
X Variable 1	0.070 059	0.004 36	16.066 78	1.72E−20	0.061 282	0.078 836

因此,线性趋势方程为 $\hat{T}_t = 4.601\,676 + 0.070\,059t$。

由 $\hat{T}_t = 4.601\,676 + 0.070\,059t (t=1,2,3,\cdots,48)$ 可以预测各月份的工业增加值,如下表所示。

年月	序号	工业增加值(亿元)(1)	长期趋势值(亿元)(2)	剔除长期趋势(3)=(1)/(2)
2005/1	1	4.78	4.671 735	1.023 174
2	2	3.97	4.741 794	0.837 236
3	3	5.07	4.811 853	1.053 648
4	4	5.12	4.881 912	1.048 769
5	5	5.27	4.951 971	1.064 223
6	6	5.45	5.022 03	1.085 219
7	7	4.95	5.092 089	0.972 096
8	8	5.03	5.162 148	0.974 401
9	9	5.37	5.232 207	1.026 336
10	10	5.34	5.302 266	1.007 117
11	11	5.54	5.372 325	1.031 211
12	12	5.44	5.442 384	0.999 562
2006/1	13	5.18	5.512 443	0.939 692
2	14	4.61	5.582 502	0.825 795
3	15	5.69	5.652 561	1.006 623
4	16	5.71	5.722 62	0.997 795
5	17	5.90	5.792 679	1.018 527
6	18	6.05	5.862 738	1.031 941
7	19	5.65	5.932 797	0.952 333
8	20	5.76	6.002 856	0.959 543
9	21	6.14	6.072 915	1.011 047
10	22	6.14	6.142 974	0.999 516
11	23	6.47	6.213 033	1.041 359
12	24	6.55	6.283 092	1.042 48
2007/1	25	6.46	6.353 151	1.016 818
2	26	5.62	6.423 21	0.874 952

续表

年月	序号	工业增加值(亿元)(1)	长期趋势值(亿元)(2)	剔除长期趋势(3)=(1)/(2)
3	27	6.96	6.493 269	1.071 879
4	28	7.12	6.563 328	1.084 816
5	29	7.23	6.633 387	1.089 941
6	30	7.43	6.703 446	1.108 385
7	31	6.78	6.773 505	1.000 959
8	32	6.76	6.843 564	0.987 789
9	33	7.03	6.913 623	1.016 833
10	34	6.85	6.983 682	0.980 858
11	35	7.03	7.053 741	0.996 634
12	36	7.22	7.123 8	1.013 504
2008/1	37	6.82	7.193 859	0.948 031
2	38	5.68	7.263 918	0.781 947
3	39	7.38	7.333 977	1.006 275
4	40	7.40	7.404 036	0.999 455
5	41	7.60	7.474 095	1.016 846
6	42	7.95	7.544 154	1.053 796
7	43	7.19	7.614 213	0.944 287
8	44	7.35	7.684 272	0.956 499
9	45	7.76	7.754 331	1.000 731
10	46	7.83	7.824 39	1.000 717
11	47	8.17	7.894 449	1.034 904
12	48	8.47	7.964 508	1.063 468

(2) 季节变动情况见下表:

年份 月份	2005	2006	2007	2008	季节指数
1	1.023 174	0.939 692	1.016 818	0.948 031	0.981 929
2	0.837 236	0.825 795	0.874 952	0.781 947	0.829 982
3	1.053 648	1.006 623	1.071 879	1.006 275	1.034 607
4	1.048 769	0.997 795	1.084 816	0.999 455	1.032 709
5	1.064 223	1.018 527	1.089 941	1.016 846	1.047 384
6	1.085 219	1.031 941	1.108 385	1.053 796	1.069 835
7	0.972 096	0.952 333	1.000 959	0.944 287	0.967 419
8	0.974 401	0.959 543	0.987 789	0.956 499	0.969 558
9	1.026 336	1.011 047	1.016 833	1.000 731	1.013 737
10	1.007 117	0.999 516	0.980 858	1.000 717	0.997 052
11	1.031 211	1.041 359	0.996 634	1.034 904	1.026 027
12	0.999 562	1.042 48	1.013 504	1.063 468	1.02 9754

在练习题第7题中季节指数是基于原始资料的分析结果,而在此题中是剔除长期趋势后分析其季节变动情况,所以二者分析结果有所不同。

(3) 用剩余法(分解法)计算循环变动值 C 的计算过程如下表所示。

年月	序号	工业增加值 (亿元)(1)	季节指数 (2)	消除季节变动的 序列(3)=(1)/(2)	趋势方程 拟合值 T(4)	循环和不规则变动(5) =[(3)/(4)]×100	移动 平均 C
2005/1	1	4.78	0.982	4.87	—	—	—
2	2	3.97	0.830	4.78	—	—	—
3	3	5.07	1.035	4.90	—	—	—
4	4	5.12	1.033	4.96	—	—	—
5	5	5.27	1.047	5.03	—	—	—
6	6	5.45	1.070	5.09	—	—	—
7	7	4.95	0.967	5.12	5.13	99.81	—
8	8	5.03	0.970	5.19	5.17	100.39	100.58

续表

年月	序号	工业增加值(亿元)(1)	季节指数(2)	消除季节变动的序列(3)=(1)/(2)	趋势方程拟合值 T(4)	循环和不规则变动(5)=[(3)/(4)]×100	移动平均 C
9	9	5.37	1.014	5.30	5.22	101.53	101.21
10	10	5.34	0.997	5.36	5.27	101.71	101.58
11	11	5.54	1.026	5.40	5.32	101.50	100.45
12	12	5.44	1.030	5.28	5.38	98.14	98.96
2006/1	13	5.18	0.982	5.28	5.43	97.24	98.82
2	14	4.61	0.830	5.55	5.49	101.09	99.14
3	15	5.69	1.035	5.50	5.55	99.10	99.53
4	16	5.71	1.033	5.53	5.62	98.40	98.82
5	17	5.90	1.047	5.63	5.69	98.95	98.48
6	18	6.05	1.070	5.66	5.77	98.09	98.84
7	19	5.65	0.967	5.84	5.87	99.49	99.03
8	20	5.76	0.970	5.94	5.97	99.50	99.66
9	21	6.14	1.014	6.06	6.06	100.00	99.73
10	22	6.14	0.997	6.16	6.18	99.68	100.00
11	23	6.47	1.026	6.31	6.29	100.32	99.79
12	24	6.55	1.030	6.36	6.40	99.38	100.26
2007/1	25	6.46	0.982	6.58	6.51	101.08	101.01
2	26	5.62	0.830	6.77	6.60	102.58	101.47
3	27	6.96	1.035	6.73	6.68	100.75	101.85
4	28	7.12	1.033	6.89	6.74	102.23	101.48
5	29	7.23	1.047	6.90	6.80	101.47	101.67
6	30	7.43	1.070	6.94	6.85	101.31	101.51
7	31	6.78	0.967	7.01	6.89	101.74	101.31
8	32	6.76	0.970	6.97	6.91	100.87	100.87

续表

年月	序号	工业增加值（亿元）(1)	季节指数(2)	消除季节变动的序列(3)=(1)/(2)	趋势方程拟合值 T(4)	循环和不规则变动(5)=[(3)/(4)]×100	移动平均 C
9	33	7.03	1.014	6.93	6.93	100.00	99.86
10	34	6.85	0.997	6.87	6.96	98.71	98.95
11	35	7.03	1.026	6.85	6.98	98.14	98.90
12	36	7.22	1.030	7.01	7.02	99.86	98.81
2008/1	37	6.82	0.982	6.95	7.06	98.44	98.21
2	38	5.68	0.830	6.84	7.10	96.34	98.12
3	39	7.38	1.035	7.13	7.16	99.58	98.36
4	40	7.40	1.033	7.17	7.23	99.17	99.31
5	41	7.60	1.047	7.26	7.32	99.18	99.54
6	42	7.95	1.070	7.43	7.41	100.27	—
7	43	7.19	0.967	7.43	—	—	—
8	44	7.35	0.970	7.58	—	—	—
9	45	7.76	1.014	7.65	—	—	—
10	46	7.83	0.997	7.85	—	—	—
11	47	8.17	1.026	7.96	—	—	—
12	48	8.47	1.030	8.23	—	—	—

根据表中计算的循环变动值绘制的循环变动曲线图如下图所示，可以明显看出：工业增加值呈现波动状态，它的循环波动大体每10个月出现一次波峰或波谷。

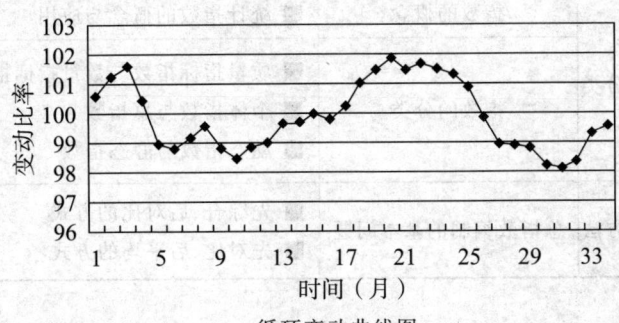

循环变动曲线图

第九章

统计指数

学习目标

★ 了解统计指数的概念及分类；
★ 理解并掌握编制总指数的两种方式（先综合、后对比，先对比、后平均）；
★ 理解并掌握加权总指数的编制原理；
★ 了解拉氏指数公式和帕氏指数公式的编制原理及特点；
★ 理解并掌握统计指数体系及其因素分析法；
★ 理解几种常用的经济指数。

基本知识点

表 9.1　基本知识点

章节	主要内容	学习要点
9.1 指数的概念与分类	指数的概念	■ 统计指数的概念与应用
	指数的分类	■ 质量指标指数与数量指标指数 ■ 个体指数与总指数 ■ 动态指数与静态指数
9.2 总指数的编制方法	总指数编制的基本问题	■ 先综合、后对比的方式 ■ 先对比、后平均的方式

章节	主要内容	学习要点
	加权总指数的编制原理	■ 综合指数的编制原理 ■ 平均指数的编制原理
	加权综合指数的主要形式	■ 拉氏指数、帕氏指数 ■ 拉氏指数与帕氏指数的比较
9.3 指数体系 与因素分析	指数体系及其作用	■ 广义的指数体系、狭义的指数体系 ■ 指数体系的分析作用
	总量变动的因素分析	■ 建立指数体系的方法
9.4 几种常用的 经济指数	消费者价格指数和 商品零售价格指数	■ 消费者价格指数和商品零售价格指数的含义及编制方法 ■ 消费者价格指数和商品零售价格指数的区别
	生产指数和 生产者价格指数	■ 生产指数的含义和编制方法 ■ 生产者价格指数的含义及应用
	股票价格指数	■ 股票价格指数的含义及综合形式 ■ 股票价格指数的编制方法

重难点解析

1. 指数的概念与分类

统计学上所说的指数是一种对比性的分析指标,通常表现为百分数。它表明:若把作为对比基准的水平(基数)视为100,则所要考察的现象水平相当于基数的多少。

统计指数的分类:

① 根据指数的内容差异即对比指标性质划分为质量指标指数与数量指标指数;

② 根据指数的考察范围和计算方法划分为个体指数与总指数;

③ 根据指数的对比性质划分为动态指数与静态指数。

2. 编制总指数的两种方式(以商品的价格和销售量指数为例)

(1) 先综合、后对比的方式

这种方法通常称为综合(总和)指数法,相应的价格总指数和销售量总指数计算公式分别为

$$P = \frac{\sum_{i=1}^{n} p_i^1}{\sum_{i=1}^{n} p_i^0}, Q = \frac{\sum_{i=1}^{n} q_i^1}{\sum_{i=1}^{n} q_i^0}$$

(2) 先对比、后平均的方式

这种方法通常称为平均指数法，相应的价格总指数和销售量总指数计算公式分别为

$$P = \frac{\sum_{i=1}^{n} \frac{p_i^1}{p_i^0}}{n}, Q = \frac{\sum_{i=1}^{n} \frac{q_i^1}{q_i^0}}{n}$$

3. 综合指数的编制原理

(1) 为了解决复杂现象总体的对比指标不能直接加总的问题，必须引入一个媒介因素，使其转化为相应的价值总量形式；

(2) 为了在综合对比过程中单纯反映对比指标的变动或差异程度，又必须将前面引入的媒介因素的水平固定起来。

4. 平均指数的编制原理

(1) 为了对复杂现象总体进行对比分析，首先对构成总体的个别元素计算个体指数，所得到的无量纲化的相对数是编制总指数的基础；

(2) 为了反映个别元素在总体中的重要性的差异，必须以相应的总值指标作为权数对个体指数进行加权平均，就得到说明总体现象数量对比关系的总指数。

5. 加权综合指数的主要形式

(1) 拉氏指数

该指数公式将同度量因素固定在基期水平上，故又称为"基期加权综合指数"。相应的质量指标指数和数量指标指数的公式分别为

$$P_L = \frac{\sum p^1 q^0}{\sum p^0 q^0}, Q_L = \frac{\sum q^1 p^0}{\sum q^0 p^0}$$

(2) 帕氏指数

该指数公式将同度量因素固定在计算期水平上，故又称为"计算期加权综合指数"。相应的质量指标指数和数量指标指数的公式分别为

$$P_P = \frac{\sum p^1 q^1}{\sum p^0 q^1}, Q_P = \frac{\sum q^1 p^1}{\sum q^0 p^1}$$

6. 指数体系及其作用

(1) 指数体系

广义的指数体系：泛指由若干个内容上相互关联的统计指数所结成的体系。

狭义的指数体系：仅指几个指数之间在一定的经济联系基础上所结成的较为严密的数量关系式。其最为典型的表现形式就是：一个总值指数等于若干个（两个或两个以上）因素指数的乘积。

(2) 指数体系的分析作用

① 进行因素分析，即分析现象的总变动中各有关因素的影响程度；

② 进行指数推算，即根据已知的指数推算未知的指数。

7. 总量变动的因素分析

(1) 将总值指数分解为拉氏数量指标指数和帕氏质量指标指数之乘积，即

$$V = Q_L \cdot P_P$$

其分析顺序是：假定数量指标先变化，质量指标后变化，即

$$\sum q^0 p^0 \xrightarrow{q \text{变化}} \sum q^1 p^0 \xrightarrow{p \text{变化}} \sum q^1 p^1$$

为了统一起见，通常采用此种分析方案。这种指数体系的完整分析框架为

$$\begin{cases} \dfrac{\sum p^1 q^1}{\sum p^0 q^0} = \dfrac{\sum q^1 p^0}{\sum q^0 p^0} \cdot \dfrac{\sum p^1 q^1}{\sum p^0 q^1} \\ \sum p^1 q^1 - \sum p^0 q^0 = \left(\sum q^1 p^0 - \sum q^0 p^0\right) + \left(\sum p^1 q^1 - \sum p^0 q^1\right) \end{cases}$$

(2) 将总值指数分解为帕氏数量指标指数和拉氏质量指标指数之乘积，即

$$V = Q_P \cdot P_L$$

其分析顺序是：假定质量指标先变化，数量指标后变化，即

$$\sum q^0 p^0 \xrightarrow{p \text{变化}} \sum q^0 p^1 \xrightarrow{q \text{变化}} \sum q^1 p^1$$

8. 几种常用的经济指数

(1) 消费者价格指数和商品零售价格指数

消费者价格指数，即居民消费价格指数，又称生活费用指数，它是综合反映一定时期内居民所购买的各种消费品（包括货物和服务）的平均价格变动程度的相对数。

我国的消费者价格指数大体上是采用固定加权算术平均指数的方法编制的。

商品零售价格指数反映的是城乡市场各种零售商品（不含服务）的价格变动程度。

(2) 生产指数和生产者价格指数

生产指数概括反映了一个国家或地区各种产品产量的综合变动程度(也称产品物量指数),它是衡量经济增长水平的重要指标之一。

在我国,生产指数是通过计算各种产品的不变价产值(或经过价格缩减后的价值)来加以编制的。其基本编制原理是:首先计算各类产品的不变价产值(缩减值),并进行汇总;将不同时期的不变价产值(缩减值)加以对比,就得到相应时期的生产指数(如工业生产指数或国内生产总值物量指数)。这里,计算各时期不变价产值(缩减值)的公式为:

$$某时期不变价产值(缩减值) = \frac{该时期现行价产值}{该时期产品价格指数}$$

生产者价格指数(PPI)是从生产者方面考虑的物价指数,反映生产者在初级市场(非零售市场)上出售或购买的产品的价格变动情况。

生产者价格指数的上涨将会直接或间接地引起国民经济各产业的生产成本增加;生产成本的增加又必然转嫁到消费者身上,导致消费者价格指数的上涨。故生产者价格指数是衡量通货膨胀的先导性、潜在性指标,或者说,它是消费者价格指数出现波动的先声。一般认为,这种延迟的特性使得根据现在的生产者价格指数通货膨胀来粗略估计将来的消费者价格指数或通货膨胀率成为可能。

(3) 股票价格指数

股票价格指数(简称股价指数)可以衡量整个股票市场价格变动的基本趋势,人们形象地称为市场经济的"晴雨表"。股价指数的编制方法有很多,且各有所长,综合指数是其中的一种重要编制方法。

记入编指数的各种股票的价格为 p,相应股票的发行量(或交易量)为 q,则综合形式的股价指数为

$$P = \frac{\sum p^t q}{\sum p^0 q}$$

典型例题解析

例(教材中例 9.1):市场物价和需求的变动情况是每位消费者都普遍关注的问题。假定某市场上五种商品的价格、销售量和销售额资料见下表,表中记商品的价格为

p,销售量为 q,上标"0"表示基期,上标"1"表示计算期。试对表中的全部五种商品进行销售额变动的因素分析。

商品类别	计量单位	价格(元)		销售量		销售额(百元)			
		p^0	p^1	q^0	q^1	p^0q^0	p^1q^1	p^0q^1	p^1q^0
面 粉	100 kg	300.0	360.0	2 400	2 600	7 200	9 360	7 800	8 640
猪 肉	kg	18.0	20.0	84 000	95 000	15 120	19 000	17 100	16 800
食 盐	500 g	1.0	0.8	10 000	15 000	100	120	150	80
服 装	件	100.0	130.0	24 000	23 000	24 000	29 900	23 000	31 200
洗衣机	台	1 500.0	1 400.0	510	612	7 650	8 568	9 180	7 140
合 计	—	—	—	—	—	54 070	66 948	57 230	63 860

解:利用指数体系的完整分析框架

$$\begin{cases} \dfrac{\sum p^1 q^1}{\sum p^0 q^0} = \dfrac{\sum q^1 p^0}{\sum q^0 p^0} \cdot \dfrac{\sum p^1 q^1}{\sum p^0 q^1} \\ \sum p^1 q^1 - \sum p^0 q^0 = \left(\sum q^1 p^0 - \sum q^0 p^0\right) + \left(\sum p^1 q^1 - \sum p^0 q^1\right) \end{cases}$$

我们容易建立以下的基本分析框架

$$\underset{(V)}{\dfrac{66\ 948}{54\ 070}} = \underset{(Q_L)}{\dfrac{57\ 230}{54\ 070}} \times \underset{(P_P)}{\dfrac{66\ 948}{57\ 230}}$$

计算得:

$$\begin{cases} 123.82\% = 105.84\% \times 116.98\% \\ 12\ 878 = 3\ 160 + 9\ 718 (百元) \end{cases}$$

计算结果表明,由于五种商品的销售量增长 5.84% 使销售额增加 31.6 万元,而由于价格上涨 16.98% 又使销售额增加 97.18 万元,两者共同影响的结果使销售额增长 23.82%,即增加 128.78 万元。

注:总量变动的因素分析有两种方案,为了统一起见,通常采取第一种方案。但在对现象总量进行分解时,要适当考虑各因素的排序,并按连锁替换法的规则进行各因素的影响分析。

思考题全解

1. 解：统计指数与数学上的指数函数有完全不同的概念。统计学中的指数是一种对比性的分析指标，可以反映不同时间或不同空间（如不同国家、地区、部门、企业等）的现象水平的对比，以及现象的实际水平与计划（规划或目标）水平的对比。指数在经济分析上具有十分广阔的应用领域。因此，统计指数常称为"经济指数"。

   指数函数是数学中的一种函数关系，指数函数可以表示为 $y = a^x (a > 0, 且 a \neq 1)$，因此，统计指数和指数函数有较大的区别。

   统计指数是一种对比性的分析指标，是相对数。广义指数是指一般的相对数，比如动态相对数、比较相对数、比例相对数等。这些指数没有形成专门的指数方法。狭义指数是指复杂总体在一定时间上的动态变化的相对数。

2. 解：一般相对数是考察总体中个别现象或个别项目的数量对比关系的指数，它实质上就是一般的相对数，这些相对数的计算和分析没有形成专门的指数方法；

   总指数是考察整个总体现象的数量对比关系的指数。它与一般相对数的区别不仅在于考察范围不同，还在于考察方法不同。总指数不能简单地沿用一般相对数的计算分析方法，也不一定能够具备一般相对数的某些直观分析性质。

3. 解：这种看法不正确。

   不同种类商品的销售量由于计量单位不同显然是不同度量的现象，而不同种类商品的价格虽然都是货币现象，但是不同商品的价格也不具有直接的可比性，就像股票的价格都是用"元/股"表示，但是不同种类的股票价格无法直接对比，因此还是不同度量的现象。

4. 解：总指数的编制有综合指数的编制和平均指数的编制两种方式。

   综合指数是由两个总量指标对比形成的指数，凡是一个总量指标可以分解为两个或者两个以上的因素指标时，将其中一个或一个以上的因素固定下来，仅观察其中一个因素指标的变动程度，这样编制出来的总指数称为综合指数。被固定的因素指标称为同度量因素，被研究的因素指标称为指数化指标。综合指数的特点是"先综合、后对比"。

   平均指数是从个体指数出发来编制总指数，也就是先算出各种产品或商品的数量指标或质量指标的个体指标，然后进行加权平均计算。这是编制总指数的一种重要形式,包括加权算术平均数指数和加权调和平均数指数。平均指数的特点是"先对比、后综合"。

5. 解:这种观点是不正确的。

因为帕氏价格指数的分子与分母之差,即

$$\sum p^1 q^1 - \sum p^0 q^1 = \sum (p^1 - p^0) q^1$$

能够表明计算期实际销售的商品由于价格变化而增减了多少销售额,因而较之拉氏价格指数具有更强的现实经济意义。不过,从另一角度看,拉氏价格指数的分子与分母之差,即

$$\sum p^1 q^0 - \sum p^0 q^0 = \sum (p^1 - p^0) q^0$$

仍然是有意义的,它至少能够说明,消费者为了维持基期的消费水平或购买同基期一样多的商品,由于价格的变化将会增减多少实际开支。这种分析意义显然也是很现实的,甚至通常就是人们编制消费者价格指数的主要目的。可见,从经济分析意义的角度看,拉氏指数与帕氏指数孰优孰劣,其实并无绝对的判别标准,关键在于能够辨别两者的细微差异,并明确利用有关指数具体是要说明什么样的问题。

6. 解:平均指数公式是综合指数公式的变形形式,它们之间计算的内容是相同的,计算的结果也是相等的。当我们掌握的原始资料不同时,可以采用不同的公式来计算总指数。如果我们掌握的数据资料比较全面和完备,就可以用综合指数公式计算总指数;如果我们仅掌握个体指数与基期或计算期的相应总量指标的数据,就可以用平均数指数公式计算总指数,所以综合指数和平均数指数仍然是相对独立的总指数编制方法。

7. 解:加权指数通过选取合适的权数(同度量因素)可以把复杂总体中不能直接相对比的现象进行综合之后,再进行比较对比,以反映指数因素的变化情况。从理论上讲,加权指数的应用范围较为广泛,指数的实际意义较好。

8. 解:当比较单个物品或项目的动态变化时,简单指数优于加权指数。此外,在实践中,由于缺少必要的权数资料,或者由于指数的编制频率和时效性要求较高等原因,可以采用简单平均指数法,因而,简单指数仍然具有一定的实用价值。

9. 解:消费者价格指数,即居民消费价格指数,又称生活费用指数,它是综合反映一定时期内居民所购买的各种消费品(包括货物和服务)的平均价格变动程度的相对数。该指数旨在分析消费品市场物价的基本动态及其对居民消费开支的影响程度,还可用于观察和分析通货膨胀或通货紧缩,据以确定或调整政府的财政政策与央行

的货币政策,调整货币工资以得到实际工资水平,等等。

我国的消费者价格指数包括8大类:食品、烟酒及用品、衣着、家庭设备用品及维修服务、医疗保健和个人用品、交通和通信、娱乐教育文化用品和服务、居住,各大类下面还可酌情划分为若干中类或小类,直至262个基本分类。

10. 解:我国的消费者价格指数包括8大类:食品、烟酒及用品、衣着、家庭设备用品及维修服务、医疗保健和个人用品、交通和通信、娱乐教育文化用品和服务、居住。粮食、蔬菜、肉禽水产等日常消费类的食品价格只是计算消费者价格指数的一部分,当这些商品价格变动显著时,构成消费者价格指数的其他商品价格可能反向变动,导致消费者价格指数变动不同等显著,甚至与人们的直观感受存在较大落差。

练习题全解

1. **解题过程** (1) 用拉氏公式编制四种蔬菜的销售量总指数为

$$L_q = \frac{\sum q^1 p^0}{\sum q^0 p^0} = \frac{560 \times 1.6 + 250 \times 2.0 + 320 \times 1.0 + 170 \times 2.4}{550 \times 1.6 + 224 \times 2.0 + 308 \times 1.0 + 168 \times 2.4}$$

$$= \frac{2\,124}{2\,039.2} = 104.16\%$$

用拉氏公式编制四种蔬菜的销售价格总指数为

$$L_p = \frac{\sum p^1 q^0}{\sum p^0 q^0} = \frac{550 \times 1.8 + 224 \times 1.9 + 308 \times 0.9 + 168 \times 3.0}{550 \times 1.6 + 224 \times 2.0 + 308 \times 1.0 + 168 \times 2.4}$$

$$= \frac{2\,196.8}{2\,039.2} = 107.73\%$$

(2) 用帕氏公式编制四种蔬菜的销售量总指数为

$$P_q = \frac{\sum q^1 p^1}{\sum q^0 p^1} = \frac{560 \times 1.8 + 250 \times 1.9 + 320 \times 0.9 + 170 \times 3.0}{550 \times 1.8 + 224 \times 1.9 + 308 \times 0.9 + 168 \times 3.0}$$

$$= \frac{2\,281}{2\,196.8} = 103.83\%$$

用帕氏公式编制四种蔬菜的销售价格总指数为

$$P_p = \frac{\sum p^1 q^1}{\sum p^0 q^1} = \frac{560 \times 1.8 + 250 \times 1.9 + 320 \times 0.9 + 170 \times 3.0}{560 \times 1.6 + 250 \times 2.0 + 320 \times 1.0 + 170 \times 2.4}$$

$$= \frac{2\ 281}{2\ 124} = 107.39\%$$

(3) 由于拉氏指数与帕氏指数用不同时期来固定同度量因素,拉氏指数公式将同度量因素固定在基期水平上,而帕氏指数公式将同度量因素固定在计算期水平上,所以两者给出的计算结果一般也会存在差异。由(1)和(2)比较可知,拉氏指数 > 帕氏指数。

2. **解题过程** (1) 以单位产品成本为同度量因素,编制该企业的帕氏产量指数为

$$P_q = \frac{\sum q^1 z^1}{\sum q^0 z^1}$$

$$= \frac{340 \times 50 + 35 \times 800 + 150 \times 330}{270 \times 50 + 32 \times 800 + 190 \times 330}$$

$$= \frac{94\ 500}{101\ 800} = 92.83\%$$

以销售价格为同度量因素,编制该企业的帕氏产量指数为

$$P'_q = \frac{\sum q^1 p^1}{\sum q^0 p^1}$$

$$= \frac{340 \times 65 + 35 \times 1\ 000 + 150 \times 400}{270 \times 65 + 32 \times 1\ 000 + 190 \times 400}$$

$$= \frac{117\ 100}{125\ 550} = 93.27\%$$

(2) 由(1)知,

$$\sum q^1 z^1 - \sum q^0 z^1 = 94\ 500 - 101\ 800 = -7\ 300$$

$$\sum q^1 p^1 - \sum q^0 p^1 = 117\ 100 - 125\ 550 = -8\ 450$$

结果表明,若以单位产品成本为同度量因素时,由于产量下降了7.17%,使得企业的总成本减少了 7 300 元;若以销售价格为同度量因素时,由于产量下降了6.73%,使得企业的总销售额减少了 8 450 元。

3. **解题过程** (1) 用基期加权的算术平均指数公式编制四种蔬菜的价格总指数为

$$A_p = \frac{\sum \frac{p^1}{p^0} \cdot p^0 q^0}{\sum p^0 q^0} = \frac{2\ 196.8}{2\ 039.2} = 107.73\%$$

(2) 用基期加权的调和平均指数公式编制四种蔬菜的价格总指数为

$$H_p = \frac{\sum p^1 q^0}{\sum \frac{p^1 q^0}{i_p}}$$

$$= \frac{2\,039.2}{\frac{880}{112.50\%} + \frac{448}{95.00\%} + \frac{308}{90.00\%} + \frac{403.2}{125.00\%}}$$

$$= \frac{2\,039.2}{1\,918.58} = 106.29\%$$

(3) 用基期加权的几何平均指数公式编制四种蔬菜的价格总指数为

$$G_p = \sqrt[\sum p^0 q^0]{\prod i_p^{p^0 q^0}}$$

$$= \sqrt[2039.2]{112.50\%^{880} \times 95\%^{448} \times 90.00\%^{308} \times 125.00\%^{403.2}}$$

$$= 107.01\%$$

(4) 根据计算结果可知,用基期加权的算术平均指数最大,用基期加权的调和平均指数最小,用计算期加权的几何平均指数介于两者之间,即 $A_p > G_p > H_p$。

(5) 用计算期加权的调和平均指数公式编制四种蔬菜的价格总指数为

$$H_p = \frac{\sum p^1 q^1}{\sum \frac{1}{\frac{p^1}{p^0}} \cdot p^1 q^1} = \frac{2\,281}{2\,124} = 107.39\%$$

将用计算期加权的调和平均指数 H_p 与 A_p、G_p 比较,有如下关系: $A_p > H_p > G_p$,与(4)中得到的比较结果不一致。原因在于(5)中比较时使用计算期加权,而(4)中比较时使用基期加权,导致比较结果发生变化。

4. 解题过程 根据指数体系的分析框架,可建立如下的指数体系:

$$\begin{cases} \dfrac{\sum p^1 q^1}{\sum p^0 q^0} = \dfrac{\sum q^1 p^0}{\sum q^0 p^0} \cdot \dfrac{\sum p^1 q^1}{\sum p^0 q^1} \\ \sum p^1 q^1 - \sum p^0 q^0 = \left(\sum q^1 p^0 - \sum q^0 p^0\right) + \left(\sum p^1 q^1 - \sum p^0 q^1\right) \end{cases}$$

由表中数据,进一步计算得到:

$$\begin{cases} 104.16\% \times 107.39\% = 111.86\% \\ 84.8 + 157 = 241.8 \end{cases}$$

根据指数体系可知,四种蔬菜的销售量增长 4.16%,使销售额增加 84.8

元;价格上涨 7.39%,使销售额增加 157 元。两因素共同作用的影响,使销售额增长 11.86%,增加总额为 241.8 元。

5. **解题过程** (1) 居民因购买消费品增加的开支数额为 $360 \times 12\% = 43.2$(亿元)。

(2) 消费品的销售量增加了

$$\frac{q^1}{q^0} - 1 = \frac{\frac{p^1 q^1}{p^0 q^0}}{\frac{p^1}{p^0}} - 1 = \frac{1 + 12\%}{105\%} - 1 = 6.67\%$$

居民因此增加的开支数额为 $360 \times 6.67\% = 24.0$(亿元)。

(3) 由于消费品价格提高 5%,居民增加的开支数额为
$$360 \times 106.67\% \times 5\% = 19.2(亿元)。$$

(4) 由(2)和(3)结果可知,消费品销售量增加了 6.67%,消费品价格提高 5%,所以开支总额为 $106.67\% \times 105\% = 112\%$,增加了 12%;又消费品价格提高 5% 增加的开支为 19.2 亿元,消费品销售量增加的收入为 24 亿元,所以居民因购买消费品共增加开支为 $19.2 + 24 = 43.2$(亿元),与(1)的结果一致,所以以上三方面的分析结论保持了协调一致。

6. **解题过程** 用 p、q 分别表示商品的价格和销售量,角标 0、1 分别表示基期和报告期。

(1) 拉氏指数将同度量因素固定在基期水平上,计算公式为

$$P_L = \frac{\sum p^1 q^0}{\sum p^0 q^0}$$

基期加权的算术平均价格指数采用基期销售量作为权数,其公式为

$$I_p = \frac{\sum \frac{p^1}{p^0} q^0 p^0}{\sum q^0 p^0} = \frac{\sum q^0 p^1}{\sum q^0 p^0}$$

综上可知,拉氏价格指数等价于基期加权的算术平均价格指数。

(2) 帕氏指数将同度量因素固定在计算期水平上,计算公式为

$$P_p = \frac{\sum p^1 q^1}{\sum p^0 q^1}。$$

计算期加权的调和平均价格指数计算公式为

$$H_p = \frac{\sum q^1 p^1}{\sum q^1 p^1 \frac{p^0}{p^1}} = \frac{\sum q^1 p^1}{\sum q^1 p^0} = P_p$$

综上可知,帕氏指数等价于计算期加权的调和平均价格指数。

7. **解题过程** 略。

案例分析全解

1. 解:用简单综合法来编制粮食价格总指数:

$$I_p = \frac{\sum p_i^1}{\sum p_i^0} = \frac{3.20+3.60+7.20}{3.00+2.40+6.00} = \frac{14}{11.4} = 122.81\%$$

这说明这三种粮食的价格,计划期比基期增长了22.81%。

用简单平均法来编制粮食价格总指数:

$$I_p = \frac{\sum \frac{p_i^1}{p_i^0}}{n} = \frac{\frac{3.20}{3.00}+\frac{3.60}{2.40}+\frac{7.20}{6.00}}{3} = \frac{3.767}{3} = 125.56\%$$

这说明这三种粮食的价格,计划期比基期增长了25.56%。

用简单综合法编制商品价格总指数,是把各种商品计算期的价格加总后,除以基期的价格加总,这种方法计算简单,现实中,由于商品价格的计量单位不同,商品的价格不具有直接的可加性。用简单综合法编制指数时,会受到商品价格或销售量方面是否可以同度量的影响。

用简单平均法编制不同种类商品的价格总指数时,是把各个商品的价格指数计算出来后,再进行简单平均,以求得多种商品的价格总指数。这种方法避免了个体商品价格计量单位不同不能直接加总的影响。但是,简单平均法计算总指数也存在缺陷,这是因为个体价格指数本身是个相对数,相对数相加也是没有实际意义的。另外,用简单平均法计算总指数,没有考虑不同商品在商品总体中的影响程度或重要程度,把各种商品对商品价格总指数的影响看成是相同的,不够客观合理。

2. 如果把大米的计量单位由"元/kg"改变为"元/100kg",用简单综合法计算三种粮食的价格总指数结果和(1)相同。这说明用简单综合法计算粮食的价格指数时,不会考虑单个物品价格的具体情况,也就是说单个物品的价格表现不会影响简单综合指数的计算值。

3. 简单指数的编制有简单综合法和简单平均法两种,简单综合指数在反映复杂总体数量方面的动态变动程度上,没有考虑单个物品的价格可度量性,也就是说物品的价格是不具有可加性或可对比性的,因此简单综合指数的缺陷是没有解决不同物品价格的可度量问题;而简单平均价格指数是没有考虑复杂总体中各个物品对价格指数的重要性是不同的问题。这些都是简单指数的缺陷和不足之处。为了克服简单指数的缺陷和不足,在计算总指数时,首先要解决不同物品的价格或销售量的"同度量"问题,这样计算出的总体指数能够克服简单指数的缺陷和不足。

4. 拉氏价格总指数为

$$L_p = \frac{\sum p^1 q^0}{\sum p^0 q^0} = \frac{6\ 342\ 400}{4\ 896\ 000} = 129.54\%$$

帕氏价格总指数为

$$P_p = \frac{\sum p^1 q^1}{\sum p^0 q^1} = \frac{5\ 716\ 000}{4\ 566\ 000} = 125.19\%$$

拉氏指数和帕氏指数是计算总指数的两种方法。拉氏指数的特点是采用基期的指标值作为同度量指标,对不同商品的价格进行加权,以解决不同商品的价格同度量问题;帕氏指数的特点是采用计算期的指标值作为同度量指标,对不同商品的价格进行加权,以解决不同商品的价格同度量问题。拉氏指数的计算只用到了价格的变动情况,总指数中不包含销售量因素的影响,价格总指数更加有意义。而帕氏指数公式中已经包括销售量因素的变动,这个指数公式有一定的缺陷。就指数本身的意义而言,拉氏指数优于帕氏指数。

5. 拉氏指数与帕氏指数之间的数量差别是有一定规则的,在现实经济生活中,依据同样一些现象的资料计算的拉氏指数一般大于帕氏指数。其成立的条件是:所考察的质量指标个体指数与数量指标个体指数之间存在着负相关关系。

6. 若将计算期改为 A 市场、基期改为 B 市场,要编制总指数以反映两个市场上食品价格的差异,不能用拉氏指数或帕氏指数,只能用简单指数公式。这是因为统计指数是一种狭义的动态相对数,相比较的内容是同一个复杂总体在不同时间上的动态变动状况。如果将计算期改为 A 市场,基期改为 B 市场,要编制总指数以反映两个市场上食品价格的差异,这是一种比较相对数,只能采用简单指数公式,计算的结果会受到不同的粮食价格用不同计量单位的影响,不具有客观性。

7. 根据指数体系的分析框架,可建立如下的指数体系:

$$\begin{cases} \dfrac{\sum p^1 q^1}{\sum p^0 q^0} = \dfrac{\sum q^1 p^0}{\sum q^0 p^0} \cdot \dfrac{\sum p^1 q^1}{\sum p^0 q^1} \\ \sum p^1 q^1 - \sum p^0 q^0 = \left(\sum q^1 p^0 - \sum q^0 p^0\right) + \left(\sum p^1 q^1 - \sum p^0 q^1\right) \end{cases}$$

由表中数据,进一步计算得到:
$$116.75\% = 93.26\% \times 125.16\%$$
$$820\,000 = (-330\,000) + 1\,150\,000$$

根据指数体系可知,由于三种商品的销售量下降了6.74%,使得商品的销售额减少了330 000元;由于三种商品的销售价格上升了25.16%,使得商品的销售额增加了1 150 000元。